野柳

阮世故鄉魔鬼岬

林武雄 著

博客思出版社

野柳 阮ㄝ故鄉 魔鬼岬

目錄

緣起

　　二〇〇五年四月五日，聯合報載曰：「南臺灣的墾丁海域，海產銳減，每年遭到捕獵的稀有熱帶魚，被吃掉了高達有三萬公斤之多」。聞之，真叫人膽戰心驚。或許人們在興高采烈的啖食這些新鮮的現撈海魚時，並未有警覺到她們吃掉的正是上天所賦賜於這片海域的珍貴物種。以及後代子孫的生機所繫。目前墾丁為南臺灣最負盛名的觀光景點，而發展觀光事業儼然成為觀光主流。

　　位於臺灣尾的墾丁海域，不但範圍廣，而較晚開發。它的海底還擁有相當豐富的海洋資源，如果能有嚴格的管理，做好長期性縝密的保護規劃，相信這塊四季如夏，洋溢著濃濃南洋風味的勝地，將會是源源流長並成為臺灣本島的「海角一樂園」。若不，還是讓商業化行為無限度的開發以及遊客隨心所欲的踐踏，恣意的濫捕濫撈，把整片海域當作「搶孤場」。直擄直呷、毫無節制，不讓海洋有休養生息的機會，相信免擱幾年，臺灣本島碩果僅存的瑰麗珊瑚礁岩生態與鮮豔亮麗的熱帶海魚，將失其踪影，海洋資源也跟著頹廢枯竭，絢麗美景永不復現，終將步野柳岬海域的後塵。

野柳村東四角啊社區

野柳岬記事

　　民國三十二年（1943），我出生於野柳港東。兩三歲時逢日本投降，臺灣光復。而這種大載誌，對偏僻的漁村好像無啥影響？至於牙牙學語的我更少留有印象，只稍記得 B 廿九空擊基隆港時，全家躲進厝邊自挖的防空洞，母親教導拜天公求保佑的些許片斷。由於家中先有三個大姐，而犯了漁家大忌，無法經營船隻討海，於當時討「焚寄網」一組三船要十二個漁工，即使份股聲，沒自家男丁參與，全靠請海骹（ㄏㄞˋ ˙ㄎㄚ，雇漁工）嘛算袂和。所以自懂事起，家裡就一直是作生意營生，諸如，賣土炭（煤）。受託寄售「雙美人」豆油（醬油）。開小麵館與雙白雙紅四個球的撞球場。收購紫菜、頭毛菜（髮菜）中盤魚販。也曾經營：「拖拉庫」（貨卡）等生意。

　　由於上有三位大姐，因此細漢時，很少參與家務。到八歲時，每天清早就得步輪去萬里國校上一年級，以後常藉要做功課而偷懶。不是釣魚，就是玩水。在社內不上學，十二三歲就得參與出海捕魚，上學的也要幫忙家務。而我且不必受這些拘束。尤其遇父母出外作生意或假日暑期，更是可放心到處野。每年農曆十月以後，因季風浪日強以及二三月寒假、年關前後，較少到海邊活動，切把時間轉換在村童間的各種玩樂遊戲中。直到四五月份草栖（ㄔㄠˋ ˙ㄒㄧㄝ，馬尾藻）發到竄出海面時，又開始釣魚和潛泳玩水了。當時的野柳港水清澈，不戴水鏡（潛鏡）亦可視物，因此內港岸下幾乎無所不於。而野柳岬礁岸下、港岸邊，因佈滿著海蝕硓砧石啌（ㄌㄟˋ ㄍㄡˋ ˙ㄐㄩㄜ ˙ㄎㄤ），能給海魚棲息生養。因此，岬區海域熱帶魚種繁多難於計數，加上近海討攄的各種海魚，稱之為魚鄉亦不為過。記得十三四歲時，因有①押魚啊（ㄚˋ ㄧㄩˊ ㄚˋ）之經驗，熟悉魚市狀況，夏季每早替漁民掯魚啊（ㄍㄝㄚˋ ㄧㄩˊ ㄚˋ）。把晚間用「櫓啊」（ㄌㄟ ㄚˋ，長方形小舢舨）於岬區海域放囹啊、

刺魚啊、船釣，所獲得的大尾礁魚，分主收集，坐公路局客運提到基隆崁啊頂魚行販售。當日開單結賬，帶回魚款，論斤抽工資。那時候漁民所捕獲的海魚大都是紅甘、郭啊（鱠）、紅魚、嘉鱲、三線雞魚、石鱠（花身鷹羽鯛）之較高級魚類且每尾都肥滋滋而價錢不菲。

　　細漢時的海邊活動，大都在龜岬二段區以內礁岸上下進行。時常所釣的魚類與地點，自港西的碼頭內岸：釣魬啊於囝（‧ㄆㄨㄚ ‧ㄚ ㄧㄩˊ ㄍㄝㄚˋ）、龍占魚仔和細尾嘉鱲（ㄒㄧㄝˋ ㄇㄟˋ ‧ㄍㄚ ㄐㄧˇ），而碼頭外岸，因海水落差大，丈長釣竿很難下釣。至於隧道口下，外面的平骿啊尾礁臺內外，因風浪不穩定而不敢前去。回到港西海沙埔右岸邊大礁石上，秋旬可釣到鬚姑啊魚（‧ㄑㄧㄡ ‧ㄍㄡ ㄚ ㄧㄩˇ）和花身啊（‧ㄏㄨㄟ ‧ㄧㄣ ㄚˋ，花身雞魚）、來石啊尾（‧ㄐㄧㄡ ㄚ ㄇㄨㄟˋ）、黑點啊（‧ㄜ ‧ㄅㄝㄢ ㄚˋ，火斑笛鯛）、赤翅啊（ㄑㄝㄚˋ ㄒㄧˇ ㄚˋ，黃鰭鯛）、龍占魚仔。上到放屎石啊（ㄅㄤˋ ㄙㄞˋ ‧ㄐㄝㄡ ㄚˋ）外岸邊，釣郭啊魚（‧ㄍㄨㄟ ‧ㄚ ㄧㄩˇ，鱠）。外澳啊泊船處港岸下可釣象耳啊（臭肚啊魚ㄘㄨㄛˋ ㄅㄨㄛˊ ㄚˋ ㄧㄩˇ）、黑格啊（‧ㄜ ㄍㄝˇ ㄚˋ，黑棘鯛）、赤翅啊、八仙骺啊（柴魚）。廟口埕、硓咕尾礁岸下，海魚較多，能進行挫象耳啊，釣郭啊魚、魁扇婆啊（‧ㄎㄨㄟ ‧ㄒㄣ ‧ㄅㄚˋ，豆娘）、柴魚、甘啊魚（鰺）、黑點啊、天竺鯛等，秋尾冬頭釣齊頭烏（ㄐㄧㄝˊ ㄊㄠˇ ‧ㄜ，鯔）。而岸外港中央的活珊瑚礁岩間郭啊魚上秭（ㄐㄧㄝˇ）。而喜浮在水中覓食的浮水郭啊（ㄆㄨˊ ㄓㄨㄟˋ ‧ㄍㄨㄟ ㄚˋ，橫紋鱠）飫鬼攔好釣，卻因嫌棄肉質不緊密而沒人要？現卻成海產店的嬌兒，往港外嚴家厝前的硓咕蔥頂（ㄌㄛˋ ㄍㄝㄛˋ ‧ㄔㄤ ㄅㄧㄥˋ）是釣魚和捸錢鰻（‧ㄌㄧㄤ ㄐㄩˇ ㄇㄝㄚˋ）的好所在。而外頭的海蝕凹洞內，遇秋旬「作浪洸啊（ㄗㄨㄛˋ ㄌㄥˊ ㄎㄨㄥˊ ㄚˋ，澎湃浪象）」時，會有躲風浪的黑粍啊（瓜子鱲）、豆娘、開旗啊可釣。延外的土地公前大石骿靠航道岸邊草栖叢（ㄔㄛˋ ‧ㄒㄩㄝ ㄗㄤˊ，馬尾藻群）中夏季有很多礁魚可釣如郭啊魚、石狗公阿（‧ㄐㄧㄡ ㄍㄠˋ ‧ㄍㄥ ㄚˋ）、臭肚啊、甘啊魚、豆娘、紅魚仔等。而大石骿尾的潮地裡，退潮時可釣到厚殼婆啊（ㄍㄠˊ ‧ㄎㄝㄚ ‧ㄅㄚˋ，尖高身雀鯛）、捆歷啊（ㄎㄣˋ ㄌㄚˋ，鯛魚）、

柴魚、青衫啊（˙ㄑㄧ ˙ㄙㄢ ㄚˋ）等，不過魚體不大。臭油棧（ㄔㄡˋ ㄧㄡˊ ㄗㄢˇ）下方潮間帶左礁岸下海魚也不少，而右礁岸下要等颱風後水濁，海魚靠來吃食岸上沖下的有機碎渣物，因此有很多雜錯魚啊可釣。轉到土地公廟前礁岸下，秋冬季海魚喜靠岸覓食海藻碎，而較大尾的黑秏啊、開旗啊、豆娘可釣。至於煙啊寮的新澳啊，要等退潮時，其「港」外硓咕石潮地裡有大尾郭啊魚與海鯛魚上鉤。當時的小骿啊海蝕斜礁臺岸下，夏季和秋冬季各有不同海魚吃餌，如夏之海鯛類，秋冬之大尾臭肚啊、豆娘等，由於對東澳社的岸勢並不太熟悉，所以沒去釣過魚，倒是到其「漁港」游過幾次水，粗砂礫的港底海水非常清氣。

土地公山東北面，岬二段區的籬啊棧口（ㄌㄧˇ ˙ㄚ ㄗㄢˋ ㄎㄠˋ）、小骿阿尾（˙ㄒㄧㄡ ㄆㄝㄚˇ ˙ㄚ ㄇㄟˋ）、大骿頭（˙ㄉㄝㄚ ㄆㄝㄚˇ ㄊㄠˇ）岸下，以及王爺宮底（˙ㄥ ㄚˇ ˙ㄍㄝㄥ ㄝˋ），因灣澳海床上多礁石，磯釣礁魚於隆頭科雀鯛、鸚哥、鮨、鮋類居多。而王爺宮口、左礁岸、番啊石角與右礁臺岸下，秋始遇小澎湃浪象天氣有較大尾五線豆娘、開旗啊（蘭勃舵魚）和白秏（ㄅㄝˊ ˙ㄇㄝㄣ，天竺舵魚）可釣。再往外由過龜印啊（ㄍㄨㄟˋ ˙ㄍㄨ ˙ㄧㄥ ㄚˋ）轉過去的龜印啊骹（˙ㄍㄨ ˙ㄧㄥ ˙ㄚ ˙ㄎㄚ），是我磯釣的極限處，而我卻最愛去，因其澳內佈滿大小礁石，又常是只有我一個人，因此於午後退潮時段，來此可釣到肥腴又大尾的紅捆歷啊（˙ㄤ ˙ㄎㄨㄣ ˙ㄌ ㄚˋ，竹葉鸚鯛魚），並於礁石下，摸到大粒的青蜒螺（臍孔黑鐘螺）。

我的童年時光陶然於野柳岬自然之懷抱中，樂趣自得，亦留下深厚的感情。十三、四歲時（民國 45、46 年）因不想「討海（˙ㄊ ㄏㄞˇ）」，就離鄉外出，初不適應，經數趟去回，至十六歲使得安穩。往後歲月，亦難捨對家鄉的眷念，時常帶朋友、妻子、兒女返回野柳迌迌（ㄑㄧˋ ㄊㄛˇ）。每見遊客如過江之鯽也感驚喜，定居中和後至民國六十九年，父母相繼仙逝，由於忙於顧家作生意，就較少回鄉。但並沒有忘卻對家鄉的眷注。

光陰似梭，民國九十三年十二月，臺灣中央圖書館於中和四號公園內設立分館，我就加入志工，於六樓臺灣資料室服務，看見書架間列有黃則

修先生所著《被遺忘的樂園—野柳》之攝影專輯，裡頁精彩的黑白照片和我細漢時熟悉的野柳岬區奇岩怪石的景象完全一樣。又看到陳新曦先生的《臺灣的海底世界》海底攝影專輯，內有七十七幀早年野柳岬海域美麗的海底景觀，不禁憶起了孩童時釣魚潛泳的快樂時光。民國九十四年四月五日，無意間閱讀到聯合報有關墾丁海域熱帶海魚被濫捕濫食的新聞，對照於野柳岬海域，礁岸上下海生物瀕臨枯竭與岸線受糟蹋的慘況，使我萌起記述野柳岬近半世紀來變遷的過程，於是自不量力的開始動筆，跟著也頻繁的回鄉到岬區探視。並不時向村內多位長輩請教早前討海捕魚事。傾聽早年極具代表性的海女，細述她們於岬區礁岸上下辛勤工作的實況，同時也喚起不少兒時記憶。由於歲月更迭，改變實在太大，返鄉真有賀老「回鄉」之慨？加之才疏學淺、事過境遷，無法具細靡遺，恐有些許落差？尚望各方先知先輩多加包涵見諒。

註①後有詳述。

萬里國民小學十二屆畢業旅遊照（乙班）

見證（一）

　　野柳岬因為離基隆才十多公里遠，在龜岬上東望，船隻進出基隆港口的狀況可一目了然，因此光復初期，1960 年（民國 49 年），因海岬地勢險要，即被劃為要塞禁地，成為軍事管制區。幼時聽聞老蔣總統曾親臨視察過。

　　民國五十年，因政策需要，中日合作在野柳岬前段土地公山（大單面山）腳下，小骿啊頭（ㄒㄧㄡˋ ㄆㄝㄚˊ ˙ㄚ ㄊㄠˇ）海灘，以及東澳社石炮臺（駱駝岩）下之龜屎骸（˙ㄍㄨ ㄌㄢˇ ˙ㄎㄚ），兩處取景，拍攝政治電影「金門灣風雲」，引來大批影迷。因此野柳岬才初為人知。1962 年（民國 51 年），有位青年攝影記者黃則修先生闖進了野柳岬，卻被岬間奇石怪景所迷，因而拍攝了千張以上的黑白照片，（當時外岬禁止攝影）隨即在民國五十一年十二月二十日巧避當時的禁忌。於《被遺忘的樂園》之名，在臺北市博愛路美而廉西餐廳四樓畫廊舉行了一場攝影展，而觀展者無不驚嘆天然造景之奇，而後經全臺平面媒體加以報導，終於拉開了野柳岬奇岩怪石的秀場序幕。

　　此後，則修先生數十年來，時時在關心野柳岬之狀況，並數度重回野柳岬探望。見到只不過是短短卅數年之光景。野柳岬竟然被凌虐摧殘至如此田地，如同受場大浩劫，心疼之餘，為了讓新一代能一賞野柳岬當年之原生美景，於民國 82 年（1993 年）的十二月十六日至二十六日選在臺北市新光三越南京店文化館，於「尋不回的樂園—野柳」之名，再次展出卅多年前的野柳岬原貌攝影展。而後出版了一冊精美的攝影專輯《被遺忘的樂園—野柳》。大師在專輯前頁（二）登錄了一則他專為野柳岬美景編撰的「龍王嫁女」神話詩句來讚美野柳岬之奇岩怪景，可知則修先生對野柳岬的戀戀情懷。

　　在專輯第三頁「尋不回的樂園—野柳」的自序裡，有這麼一段話：「雖然只經過短短的物換星移，因遊客的踐踏或美其名為建設的破壞，原始風貌已不復存，此為喚起世人對自然資源的重視與愛護，特舉行本次攝影聯展。展出卅多年前的野柳原貌，曰：「『尋不回的樂園—野柳』。」則修先生頗有不殺伯仁之嘆，且還好有他的這冊專輯為野柳岬的奇景原貌留下了歷史的見證。

和藹可親的則修大師與野柳岬處女秀

見證（二）

六、七十年代，有位潛水愛好者謝新曦先生。他於民國六十九年（1980 年）十月出版了一冊名(1)《臺灣的海底奇觀》的海底攝影輯。此專輯自 16 至 190 頁計有 184 頁，全省礁岸下海底多采多姿的生態畫面，而其中佔有七十七幀是攝於野柳岬礁岸下之海底，取景又於土地公前，土地公廟外側岸線下，潮下帶間的活珊瑚礁岸區，以及東澳（後澳啊社）前的獨立礁岩與左右礁岸海面下的海底生態為主。確實是張張精彩。在那海底攝影各方面尚未發達的年代，能攝得如此畫面恐不是簡單之事。在專輯第五頁的攝影序裡，新曦先生有一段感人的話語，他說：「他在民國五十六年的一個偶然機會裡學會了潛水。剛開始潛水時，獵魚可說是其最大興趣。記得數年前的北海岸，龍蝦的產量很多，由於漁人及潛水人員的趕盡殺絕，現在龍蝦的產量已不可同日而語，因此筆者也漸漸覺悟到，愛海並不一定要獵魚。在海洋生態環境逐漸遭受破壞的今天，潛水運動絕不能助紂為虐。相反地應該積極加入保護我們的海洋生態行列才是。由此筆者放下魚槍，改拿攝影機，也從中學到了魚槍所不能教給我的東西」。

註：《臺灣自然大系》共十二冊，由渡假出版社出版。第五冊《臺灣自然大系─臺灣的海底奇觀》。而第六冊《臺灣自然大系─臺灣的珊瑚礁魚類》，冊裡有多頁數野柳岬海底美麗的珊瑚礁魚照。(渡假出版社民國 69 年 12 月）。

阮世故鄉
魔鬼岬

(1625－1653) Punto Diablos. 魔鬼之岬角. C22P Diable. 魔鬼岬. Gekoote Kiir 製版. 野柳岬. 林劇雄 2012.10.10 No.26

　　在二、三十年前，陳新曦先生對於海洋生態保護，就有如此的認識與覺悟，試問，在生態環保意識高喊的現今，又有幾許潛水者與捕撈者能夠呼應他的善籲？而盡心盡力的加入保護愛惜海洋生態環境的行列？

　　可是，由於新曦先生的轉念之仁，卻給幾乎已遭受破壞殆盡的野柳岬海底，留下了美麗的回憶。並作為曾經有過的繁華見證。

左上：野柳龜
左下：魔鬼岬
下：鄭經船隊

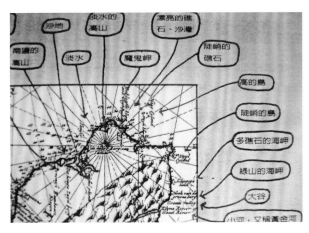

野柳岬潮汐示意圖

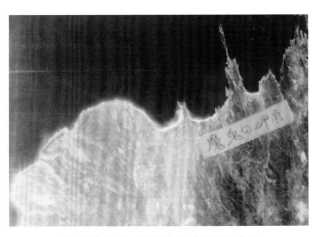

親潮黑潮於臺灣北海東北海交匯

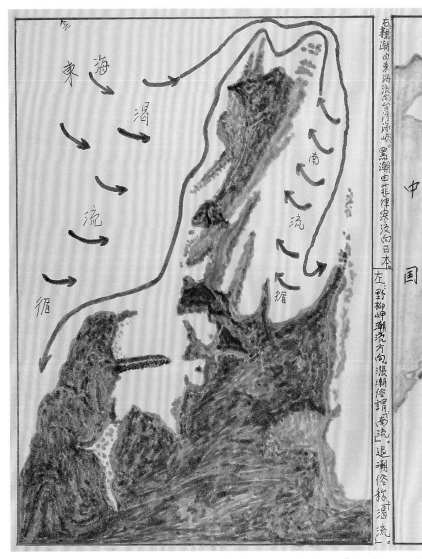

左：野柳岬潮流方向。漲潮俗謂「南流」，退潮俗謂「渴流」。
右：親潮由東海流向臺灣海峽。黑潮由菲律賓流向日本。

第一章　魔鬼岬、野柳龜

根據萬里鄉誌（地名特色與發展史第 62 頁）記述今日為著名勝地的野柳岬，其實早在三、四百年前就已經非常有名了。但是一般人大抵不知地名的起源，有人推測，可能是平埔族社名的音譯。然而根據我們的研究「野柳」（ia-liu）是起源於西班牙文的 Punto Diablos〈意即魔鬼之岬角的「Diab os（魔鬼）」一字，D 和 B 的兩個子音去除，而留下（ialos）被譯成「野柳」。而也有其他外文文獻上標示為「裂礁」，魔鬼岬和魔鬼角的。（請參閱萬里鄉誌）。魔鬼之岬角於一六二六年代，出現在西班牙人所繪製的臺灣地圖上，如果在外海眺之倒是形容得恰如其形。然而「裂礁」一名，也蠻符合野柳岬岸線礁臺的地形地貌。看到這些外國人給取的幾種「惡名」，就可知當時的野柳龜岬海道是何等險惡，尤其於每年冬春季強烈的東北季風，捲起巨浪激盪岬尾礁群，整個岬尾波瀾重重，浪花滔天，凡北上向東之船隻大都不敢靠近，避之危恐不及，至得前之歹名。

村俗亦有傳說，明末清初，鄭成功（應是其子鄭興）揮軍北臺灣時，至野柳岬海域，突然風起雲湧，現一巨龜，口吐烏煙，興起滔天巨浪想吞噬鄭軍船艦，鄭軍即於巨砲擊之，巨龜斃而成龜岬。鄭軍也不再過岬而屯墾「國聖埔」。

其實巨龜只是被降伏而已，五十年代之前野柳討海人有一北海風險順口溜謂「一龜，二卯，三尖啊啖」。意思是說，臺灣北部海岸有三處存在性最危險的地方，排名一為「野柳龜岬」，第二為東北角之「卯澳角」。至於排名第三的「尖啊啖」是隱藏於石門與十八王公廟之間岸線下海底向外延伸呈三角型突出的大礫石淺灘。由於它沒於海平面下，行駛斷層外的船隻，如不諳地理而太靠近，稍一不慎，就會被海浪推上礫灘擱淺甚或翻船危險。

根據野柳資深漁民述說：(1) 野柳龜在北部海域突出明顯，能見度廣闊，由西北上的船隻，只要一過麟山鼻入北，即可見之，一直要等

到船過鼻頭岬，三貂角逐漸轉東才會消失不見。

在百多年前，日本覬覦臺灣，曾派人詳劃臺灣地圖，地圖上標示野柳龜謂「瑪鎖岬」。想不到這隻幾乎與臺灣歷史同儕脾氣暴躁的老龜精不只身負各種「美名」，還給後代子孫帶來了本可永續之財富，只可惜囝孫啊卻黑白武而不知珍惜。

註：

(1) 北部海岸西起淡水河口的油車口，東至三貂角的萊萊。岸線全長八十五公里。由於海岸的軟岩層凹蝕，成為海灘堅硬岩層則被切割成為突出的岬角，全線於野柳龜岬最為伸出。（資料來源：臺灣中央圖書館中和分館六樓臺灣資料）

下圖：綴著蕾絲帶的裂礁
右頁：60 年代前的野柳

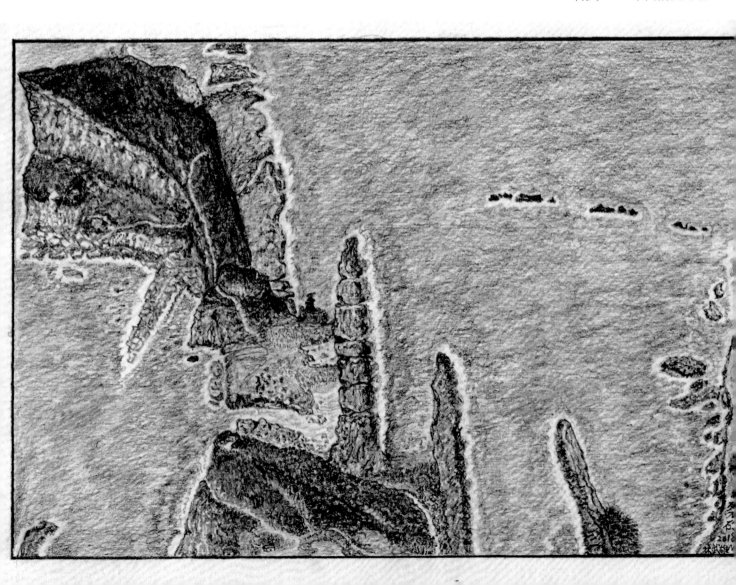

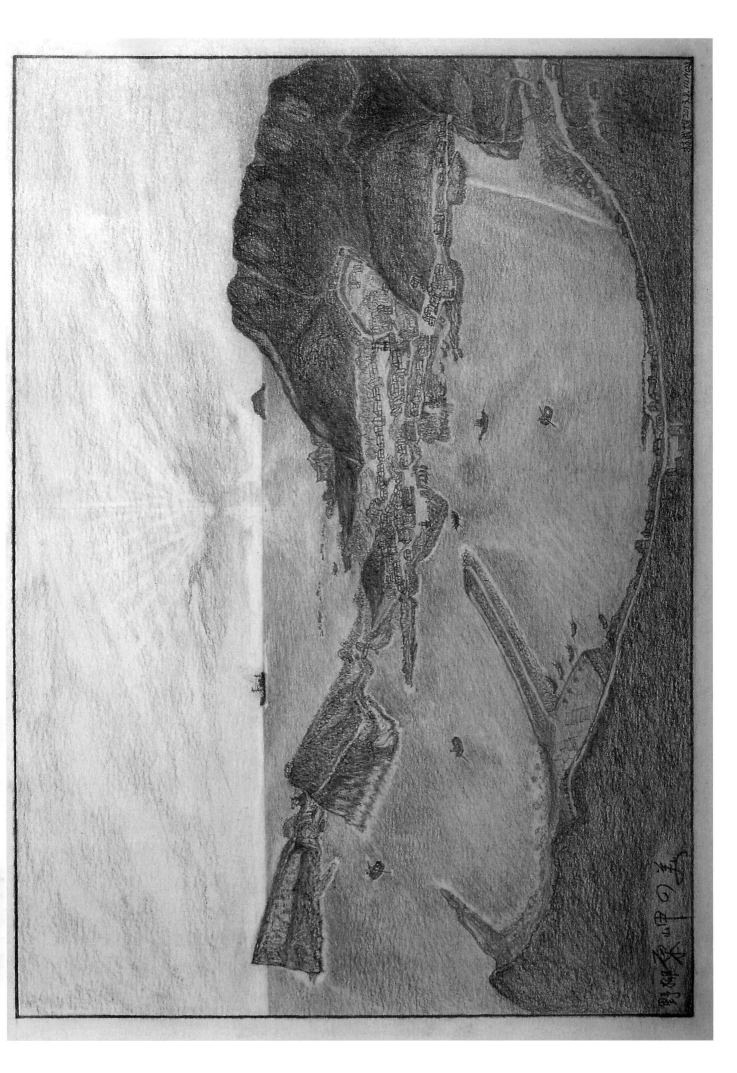

第二章　自然原貌

民國五十年代，如想去野柳迌迌（ㄑ一ㄟˋ ㄊㄡˇ），要在基隆市公路局車站坐上往金山公路局客車，從基隆的蠔殼港，爬上獅球嶺頂後，便進入翠綠山林間，彎來越去，經大武崙啊嶺往北下到瑪鍊溪出海口左側溪埔頂臺地的萬里村，此是萬里鄉公所所在地，不久車過龜吼啊站，於現在翡翠灣渡假村大門口，往左開始爬坡，車子穿梭於彎彎曲曲翠綠的青柏啊嶺山林間，右車窗下望美麗的瑪鍊丸（灣）海沙埔，外木山澳啊外海停泊的火船（輪船），基隆港口孤立於海中的基隆屹（嶼）盡收眼底，正忘情於美景之時，車子已四十五度左轉開始下坡，海景被拋於腦後，此已進入野柳村界。

車行坡道中左側道旁有間傳統式「粘瓦厝」，三面被竹啊林包圍，厝前矮樹叢，修剪整齊，庭院乾淨，花木幾株，顯得清幽又孤獨，每回經過都得看上一眼。當年路旁有設沒有站名的所謂「招呼站」（現為仁愛之家站。瓦厝因拓路已消失了）。其實瓦厝斜對面山坳裡，還

有三間石頭厝隱於桂子林中，鳥語蟬鳴山風舞動竹影的環境有如遺世。此也是咔早討取桂竹枝來做釣竿的人家。車子一過此山尖，右窗外豁然開朗，視野超越左右山巔，右山脈末端有一傾斜山岬直插入海，山谷中公路盡頭，海天近處橫攔著一條石砌碼頭，才發現似有船影時，車已滑至西邊路底，向右作四十五度轉角，行不多久，又轉個U形大彎，當車子趄至山腳轉向東北直行時，右窗外望山坡底草叢間，有一顯眼的紅磚造圓拱型隧道口，這是日本時代遺留下來的輕便車隧道入口。內部早已陷落，從此始也是不為外人窺知，俗稱①野柳爿坑啊的源頭，呼作坑啊底。車子順著溪谷邊緣行進至靠站野柳港，村舍即現眼前，由此到隧道口，公路上下是野柳三社之一的野柳爿社（港西），沿途從右窗外望去，可一覽野柳中社（港東）層疊於青山下，港岸上方綠榕處處，炊煙裊繞的淳樸村舍和原始又天然的美麗港澳，筆直的石砌碼頭，內岸間有序的泊著古掘有優美船形的木殼舢舨漁舟。夏秋季，如時點得宜，尚可觀

賞漁夫出海認真扑拚搖櫓蕩舟的身影。逢冬春時季，當車子要轉進「硨硿口」（隧道口）之前，右下方碼頭外，灣澳礁岩和岬北礁岸承受猛浪撞擊時所激起丈高浪花的壯麗景觀，當會給你留下深刻而難忘的印象。

當時由於交通不便，載具欠缺，遊客時間不充裕，而遊客目標只注目於外岬區的奇岩怪石，因而忽略了瀏覽村社內漁家特有的文化與屋厝建設。如野柳爿社三四十戶人家層築在公路下港岸上之間的屋厝、圍牆大都要採用硓砧石（白化珊瑚礁岩塊）作為建材，此種房舍冬暖夏涼。而利用這種硓砧石頭作為建材，必須把珊瑚礁岩塊鑿下來後，先行雨淋使其淡化後再行使用。這道過程是不可或缺的。除了行走於社區高低起伏的石板坡道巷弄間觀看屋厝特殊建材與造型外，岸邊泊靠的漁舟、漁俱網寮，甚或岸邊釣魚光着「尻川」在港中戲水的漁村兒童，也都有其漁村的文化色彩在。

自野柳車站下車後，沿著土坂坡道下至野柳爿坑啊口，走過一條約米寬水泥板橋（四十年代之前是用兩枝木頭電線桿相捆而成的獨木橋。）過橋後登四五石堦，上秘婆洞啊山腰步道，右轉過秘婆洞口（蝙蝠洞口）。在五十年代之前，此洞還棲息有上千隻蝙蝠，夏秋季節的傍晚成群飛出，旋於港區上空覓食，景象壯觀。此處下有磐石，約有二層樓高，往外望，漁港與左右村舍一覽無餘，下到石堦坡道底，右有個大的石水窟，清流不斷，又登三兩石堦，左轉經過兩戶簡實有形的紅磚瓦厝，往外沿著有點坎坷的港岸小道來至石啊尾，（凸出的岸礁）右轉走中社村舍下方岸邊上崎嶇又彎越的港岸步道，經聖公廟口，踅過廟後，穿梭於巷道林下，出榕樹林，逢菅尾林叢右彎，順著土地公前海澳右潮間帶上方的羊腸小道至臭油棧，再左轉經過土地公山南腳下的小間有應公廟右，直走山腰步道即可到達外岬區。

在行走這條冗冗（ㄌㄜˋ ㄌㄜˋ）長蜿蜒的岸道時，沿途也有很多漁村的人、事、地、物可供觀察瀏覽，中社較大社。社區古榕處處，建物多樣有石頭厝、硓砧厝、草厝、土角厝、竹并啊厝、柱（‧ㄊㄧㄠ）啊骹（‧ㄎㄚ）厝、硓砧磚啊角加石頭厝等。不看實在可惜，而且在那年代，野柳社雖偏隅海角，住家衛生環境卻是按讚。保持得非常清氣相。

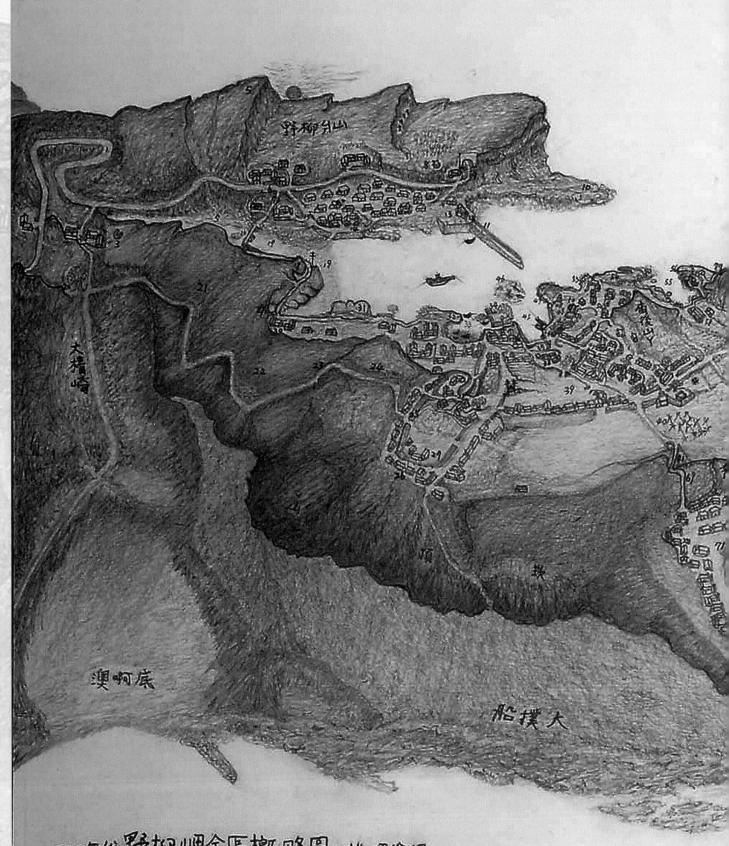

四○年代野柳岬全區概略圖與地理俗稱

① 大　　厝　⑭ 平髀ㄚ尾　⑰ 野柳海沙崎　㉞ 過　清ㄚ　㊾ 頂　頭尾　㊿ 清底硦硦洗　㊽ 土地公前　㊻ 新澳啊　㊼ 石　炮墼
② 山頂鄉ㄚ　⑮ 碼頭ㄚ　⑱ 大　精骹　㉟ 大水窟　㉞ 灰精ㄚ　㊿ 硦硦尾　㊽ 菱白條啊石　㊻ 小髀ㄚ頭　㊼ 戰　車岩尾
③ 輕便車研窒　⑯ 漁　　會　⑲ 野柳湖坑頂　㊱ 內　坑ㄚ　㊴ 新厝口　㊻ 金　亭　㊽ 土地公廟　㊼ 小髀ㄚ尾　㊿ 龜厝尾
④ 坑ㄚ內　⑰ 碼頭ㄚ埕　㉑ 中坑啊ㄚ　㊲ 大石公　㊵ 番ㄚ園　㊽ 廟口埕　㊾ 臭油橋　㊻ 大瓏尾　㊼ 外　礁嶼
⑤ 野柳湖坑ㄚ　⑱ 村長(林)　㉒ 過嶺ㄚ　㊳ 石啊尾　㊶ 野柳崎　㊾ 聖王公廟　㊽ 有應公廟　㊿ 石碜ㄚ頂　㊻ 土地公後
⑥ 車頭㘲　⑲ 車頭骹　㉓ 嶺ㄚ頂　㊴ 內澳ㄚ　㊷ 井ㄚ頭　廟　　後　㊿ 樹林ㄚ　㊻ 後澳ㄚ崎　里野柳岬中鞍
⑦ 車頭崎　⑳ 坑ㄚ口嶺ㄚ骹　㊲ 枚厝石ㄚ　阿州啊阻酒廟　㊾ 鯉啊窠　㊿ 後澳ㄚ港　岬中鞍
⑧ 土地廟ㄚ　㉑ 坑ㄚ口稿　㊵ 骹頂山骹　㊸ 電池間ㄚ　朝新鈑塍ㄚ頭硦　硦慧　㊿ 大石骹　㊻ 後澳ㄚ社　小髀ㄚ頭
⑨ 硏窒口　㉒ 日婆洞ㄚ　㊳ 木塘ㄚ叔啊嫲　城　直嵋　㊾ 內澳啊ㄚ　㊽ 大石髀ㄚ　㊾ 石榜ㄚ骹　㊿ 龜厝骹　㊻ 山啊尾

龜頭山　四角空町

⑱	小群丫底	㉑	過龜卵丫	㉑	崎石骸	㊱	白米甕	㊲	瑪靈港丫口
頂	⑲	簾丫棧底	㉒	簾丫棧口	㉝	紅魚丫空口	⑰	二十四孝山	㊳	瑪靈港丫
宮	⑭	女王頭	↓岬第三段	⑬	懸石骸	㉘	龜坭丫尾	㉔	瑪靈港丫底
石	⑮	仙女鞋	①	龜卵丫骸	⑩	大骨骸	㉕	龜頭尾礁	㉙	龜卵丫石
山	⑯	地球石	②	豆干矸丫尾	④	石　　牛	㉖	龜　頭清	㉚	溜籠崎頂
角	⑰	大群窟丫	③	溜籠骸	⑬	三塊石丫	㉗	龜頭群骸	㉛	鳳　崙
口	⑱	瑪靈馬石	④	腰堵埃	⑮	戲籠石	跋乩牛骸	㉜	仙骸礁
頂	⑰	大群尾	⑤	豆干矸頭	⑯	死人笒丫	㉑	海龜上岸	㉛	龜頭尾頂
町	⑭	龜頭崎	⑤	大尻喉空	⑮	龜頭小群丫	㉓	龜尻扉	㉜	鯉呵�311

四十年代野柳岬全區圖（見上頁）地名俗稱對照表

野柳岬前段

1 大彎	10 平餅丫尾	19 野柳爿海砂埔	28 過溝丫	37 頂頭尾
2 山頂鄉丫	11 碼頭丫	20 大楮骸	29 大水窟	38 灰糟丫
3 輕便車砰空	12 漁會	21 野柳爿坑丫頂	30 內坑丫	39 新厝口
4 坑丫內	13 碼頭丫埕	22 中坑啊	31 大石公	40 番丫園
5 野柳爿坑丫	14 村長（林）	23 過嶺丫	32 石啊尾	41 野柳崎
6 車頭（站）	15 車頭骸	24 嶺丫頂	33 內澳丫	42 井丫頭
7 車頭崎	16 坑丫口	25 嶺丫骸	34 放屎石丫	43 阿川丫叔菸酒店
8 土地廟丫	17 坑丫口橋	26 崁頂山骸	35 電池間丫	44 朝宗丫叔牆丫頭
9 砰空口	18 日婆洞丫	27 春發丫叔（林）	36 檢查哨	45 內澳啊

46 港底硓砧花	56 土地公前	65 新澳啊	74 石炮台
47 硓砧尾	57 茭白條啊石	66 小餅丫頭	75 戰車岩
48 金亭	58 土地公廟	67 小餅丫尾	76 龜屍尾
49 廟口埕	59 臭油棧	68 大樑山	77 外礁啊
50 聖王公廟	60 有應公廟丫	69 石梯丫頂	78 土地公後
51 廟墘	61 樹林丫	70 後澳丫崎	
52 廟後	62 煙啊寮	71 後澳丫港	
53 硓砧蔥	63 大石骸	72 後澳丫社	
55 大石餅	64 石梯丫骸	73 龜屍骸	

野柳岬中段

1 小餅丫頂	10 大餅頭	19 大餅尾
2 山啊尾	11 離啊棧窟啊	20 龜頭崎
3 離啊棧	12 小餅丫底	21 過龜印丫
4 王爺宮頂	13 籬丫棧底	22 籬丫棧口
5 王爺宮	14 女王頭	
6 冰淇淋石	15 仙女鞋	
7 石乳	16 地球石	
8 番丫石角	17 大餅窟啊	
9 王爺宮口	18 瑪靈鳥石	

野柳岬第三段

1 龜印丫骸	10 大骷骸	19 龜頭尾礁丫	28 溜籠崎頂
2 豆干丫尾	11 石牛	20 龜頭溝	29 風剪
3 溜籠骸	12 三塊石丫	21 龜頭餅、跋死牛餅	30 仙骸蹄
4 腹堵崁	13 戲籠石	22 海龜上岸	31 龜頭尾頂
5 豆干石丫頭	14 死人空丫	23 龜尻扉	32 煙啊眾
6 大尻曨空	15 龜頭小餅丫	24 瑪靈港丫口	
7 騎石骸	16 白米甕	25 瑪靈港丫	
8 紅魚丫空口	17 二十四孝山	26 瑪靈港丫底	
9 懸石骸	18 龜娓丫尾	27 龜印丫石	

註：

(1) 野柳中社往東還有秘境「後澳啊」（東澳社）後有專述。

(2)「野柳爿」：野柳的一邊。

(3) 光「尻（ㄎㄚ）川」或「骹（ㄎㄚ）倉」：光著屁股。

四十年代漁村母親

左上：硓砧石頭磚啊厝
左下：硓砧石頭蓋草厝
右上：石頭黏瓦厝
右下：硓砧石頭磚啊蓋瓦厝

第三章 野柳—埜柳
(一Yヽ カせヌヽ)

野柳岬是來自大屯山向東北延出的支脈。岬座西南向東北伸出，全長約有 3000 公尺。西南面岬頭靠著青柏啊山。岬左西北面自公路俗呼大彎至砰唪口（隧道口）處謂：野柳片山。岬東南面是野柳岬最高山崁頂山，其山之北角有一與岬同向狹長的小支脈，俗呼：後澳啊山。後澳啊人謂之為：大椗山或大壠山。岬中軸有三山：於保安宮廟後的小單面山，俗呼：廟後山啊。而外謂：土地公山（大單面山）。岬末端稱：龜頭山，俗呼：野柳龜。全岬山勢都由西北向東南約作二十度之傾斜，因此我謂之為「傾斜の岬」。

野柳社是由三個獨立社區所組成的，一在二省道下方的野柳片社（港西）。二為中社（港東）。三是後澳啊社（東澳）。

野柳名由何來已不可考。有說是平埔族語譯或原住民巴賽族語，依我看應是前述之西班牙的「魔鬼之岬角」中取的（ialos）音意較為可能。

在清乾隆輿圖中看起來地理含於金包里社。清末含於萬里加投。日據初含於瑪鍊莊，此始應已呼稱野柳社。直至光復後隸屬萬里鄉（萬里鄉誌地理沿革有詳述）。

如於五十年代之前的地理環境看，野柳港原本是一天然灣澳。澳左狹長單面山坡底、幾無腹地。岬頭兩山之間形成的溪谷與岬同向，而水流充沛。出口為澳底沙灘，左為潟灘，右山礁下磐石羅列，往外石質山裙下，大小海蝕坳澳潮間帶直至土地山公（大單面山）西南腳下。綜觀整個地勢崎嶇嶙峋，想像如逢東北季風時節，強風巨浪毫無遮攔由東北方海面直撞進來的聲勢，定夠驚人。這種坎坎坷坷，坳坻不平有礁有礐的地理環境怎堪人居？因此可知古早祖先們要於此開墾家園是何等困難艱辛。

但野柳岬很顯然有構成存在性優勢的居住條件。如取之不竭的海生物，綠山環抱和充沛的水源。促成先人排除萬難而願留住。據傳，野柳是由林姓族人上代先開墾的，如於五十年代之前三社的姓氏比例，家厝系列構造以及經濟情況看，此說並非子虛。

三社中，林姓是絕對多數，尤是中社幾佔三分之一。如於適合建屋的地形看，中社地勢高坦地多又較閃風。據說，最早全野柳社起厝

大都採用硓砧石為主建材，次為石材，而石材大多用於築基或堆砌平臺駁崁。也有少數採兩者混合，硓砧石牆上蓋茅草，也有經濟寬裕者選用粘瓦。日據時期有錢者翻修成閩式傳統大瓦厝，而且厝內灶骹（ㄎㄚ，廚房），都挖有自用沽井啊。較大宅院卻都是林姓家厝居多。其實野柳爿社、後澳啊社亦是。

據悉，野柳社自早以來，執牛耳者亦是林氏家族，如林月笙老先生一系即是，日據時期，其子林萬居先生是保正（莊長），擁有多項事業，如龜岬東南面岸下海域的(1)煙啊咚（鰹魚）定置網。建於新澳啊的煙啊魚寮。還有烟、酒、糖、塩以及阿片熏專賣牌照。以及兩處燒白石灰的(2)灰磘啊。

野柳既然是林姓所最先開墾，所有權當然是歸林氏家族所有，名號也要有林之含意，而「堃」字最具代表性，後字閩語含有開墾之義的「柳」。合為堃柳。古早可能是別姓陸續加入開發，而堃字太敏感，為了不傷和氣，落得林姓「鴨霸」、「佔贏」之口實，就用野柳兩字呼音而不失其義。這臆測純屬個人之見。

註：

(1)「煙啊咚」：設於野柳龜岬東南面礁棚岸下海面的捕捉鰹魚的固定箱網，俗稱「煙啊簐（ㄧㄢㄚㄍㄜ）」。

(2)「灰磘啊」：因為野柳岬海底，海岸產有大量珊瑚礁岩，俗稱硓砧石。死亡白化後，呼硓硓砧石。利用這些白化或挖出的活珊瑚礁岩，經漂白後作為材料造窯用火燒成白石灰。謂之灰磘啊。

魔鬼岬，野柳龜：

根據萬里鄉誌記述：（地名特色與發展史 62 頁）今日為名勝地的野柳岬，其實早在三、四百年前就已經非常有名了。然而一般人大抵不知地名的起源，有人推測，可能是平埔族社名的音譯？然而根據我們的研究，「野柳」（ia-liu）是起源於西班牙文的 Punto Diablos（意即魔鬼之岬角）的「Diablos」一字，D和B的兩個子音去除，而留下「ialos」被譯成「野柳」。而也有其他外文文獻上標示為「裂礁」、「魔鬼岬」和「魔鬼角」的。

「魔鬼之岬角」於一六二六年前後出現在西班牙人所繪製的臺灣地圖上，如果在外海眺之倒是形容的恰如其形。然而「裂礁」一名，也滿符合野柳岬岸線礁臺的地形地貌。看到這些外國人給取的幾種「惡名」，就可知當時的野柳龜岬海道是何等險惡，尤其於每年春冬季強烈的的東北季風，捲起巨浪激盪岬尾礁群，整個岬尾波瀾重重、浪花滔天，凡北上向東之船隻，大都不敢靠近，避之唯恐不及，至得前之歹名。

村俗亦有傳說，明末清初，鄭成功（應是旗子鄭興）揮軍北臺灣時，至野柳岬海域，忽然風起雲湧，現一巨龜口吐烏煙，興起滔天巨浪想吞噬鄭軍船艦，鄭軍即以巨砲擊之，巨龜斃而成龜岬。鄭軍也不再過岬而屯墾「國聖埔」。

其實巨龜只是被降伏而已，五零年代之前野柳討海人有一北海風險順口溜謂「一龜、二卯、三尖啊呶」。意思是說，臺灣北部有三處存在性最危險的地方：排名一為「野柳龜岬」，第二為東北角之「卯澳角」。至於排名第三的「尖啊呶」是隱藏於北海岸十八王公廟，往石門方向岸下海域。

第四章 野柳港、野柳爿坑啊、瑪頭啊

野柳岬是個由西南向東北的石質小半島。沿自於大屯山系的支脈。延著地層走向至野柳岬末端的龜頭尾，全長約三千公尺。分三個區段，前段為野柳港社區。二段區為土地公山北角下方與瑪靈鳥岩間的奇岩怪石最多的礁岩臺。三段為龜頭山。

野柳港是野柳岬區的天然海灣澳所形成。它的西北面有野柳爿山與末端下方向東延伸出的天然礁臺，俗稱「平骹啊尾」作為抵擋來

自北面洶洶大海強大風浪的第一道防線。（冬春季強風巨浪撞擊礁臺發出的聲響，與激潑而起整排數丈高的雪白浪花是一奇景）。而第二道防線是隧道口下方狹長的人工石砌碼頭。此人工碼頭雖堅固，卻還是難敵擋大自然無限的力道，而受損好幾次。最嚴重的一次是民國五十八年九月廿七日（農曆八月十五中秋節）。來襲的強颱艾爾西，它所掀起的巨浪把碼頭從中撞出了好一大段的缺口，當時因經費短缺，還久久才得中央補助而修復。漁港東南面有崁頂山和向東北伸出的龜岬作為掩護。受如此多重的保護，因此野柳港算是北部難得的最天然而優良的漁港。但是野柳港因三面環山，承受著千百年來由陸地沖刷而下的大量泥沙。由於從未疏濬的積沙，使港的內大半段變淺，溪啊口也形成一片細海沙埔。在漁港還沒有受大量油汙汙染前，海灘飛沫帶下淺灘間，可清楚見到水底沙上有俗稱的沙蜢（潛沙蟹）在覓食，手腳夠快即可將其活捉。稍慢，它瞬間潛遁入沙就無跡可尋了。細漢時捉此蟹純是好玩，捉到隨即放之。淺灘有時也可摸到白色大粒的蛤啊（ㄏㄜㄢ ㄚˋ）。野柳溪谷雖然長只約三百公尺，但它的岩泉和山林

積水不缺，因此常年不斷水質清氣。有時碰上連日陰雨，或是颱風天氣，不但流水湍急水聲囉囉，甚至氾濫，如再遇大潮，溪水在獨木橋外和湧進來的海水相遇因而暴漲會把橋面全沒入水中，使得村人不便通行，交通形同中斷，要等退潮才可恢復。遇到退流水漸（ㄅㄚ）時，東面村人要去車頭，可從海沙埔右前岸邊一塊碩大盤石內側，高低不平的石縫上坑洞下到沙灘上，走到扇形瀨灘踏石或潦水過去。上岸爬段土坡道可達車站。溪口的這片瀨灘上佈滿溪石參雜斷軌磚啊角，俯身隨便一翻，底下洼陷中水裡棲息著似豆芽菜般粗細的小海鰻仔。小螃蟹以及小蝦和狗監啊魚。

在 1956 年代之前，野柳廾的這片美麗乾淨的海沙埔下港區是野柳囝啊玩水泅水的好所在。炎炎夏日午後兩三點開始會不請自來真秫中社和野柳廾囝啊（大多是男童）作伙掽水。玩「騎馬啊相戰」、伊「藏湆」（潛水）泅水比賽。前者是四人分成兩組，每組二人，一人當馬，沒入水裡蹲下，另一人當戰士，雙腳站在馬的左右肩胛頭頂，作馬人雙手向後緊抓戰士雙腳的後腳跟上。馬起立於及胸的海水中，要在

民國五六年九月受強颱重創的碼頭。（野柳中社大尾龍先生攝）

雙方戰士都立直後才能開戰，雙方相互推拖拉扯，至把對方扳下海裡即勝。後一種是比賽誰潛泳速度較快。分兩組人馬，兩組人數相等，推出一人站立於遠處海裡當標竿。於接力方式潛水前游，最後一員先達陣為勝。至於老少皆宜的戽水相噴（打水仗）是必然的戲碼。

當日頭行到野柳爿山頂時也玩累了。三兩玩伴相招從海沙埔頂溯溪而上，到溪底佈滿大石的中段，脫去麵粉袋啊內褲（嘛是外褲）。用溪水搓揉一番後，披於表面光滑的石頭頂曝日。然後就光溜溜的在清澈涼爽的石下畦裡捉蟹摸蝦，順便用溪水沖去身上的鹹水味，才爬上大石骷頂，瞇著眼享受落日餘暉溫暖的日光浴。聆聽著從山岩壁樹梢傳下來不絕於耳的蟬鳴鳥語。等到褲曝半漸，才甘願穿上麵粉袋啊走出溪谷。回途經過海沙埔，還會再於灘間追逐沙馬啊。這種一身白色的招潮蟹，它們在海灘頂上挖個十元銅板大小的圓形洞穴。在漲潮前遊走在沙灘上四處覓食。靠近追它時，它會飛快地跑回自己的洞內。

沙蛸（滑沙蟹）

沙馬啊（招潮蟹）

2013林武雄No.54

速度實在太快，根本就很少能追捉到它，只是很好玩而已。

野柳月坑啊雖然不長，我們卻很少進入，俗稱坑啊內的內段處。因溪面窄，崖壁與溪壁樹大而枝葉茂盛，感覺有點濕涼陰森。而且溪石表層佈滿青苔難行，卻曾聞有村人在內段釣得大尾鱸鰻和黑耳鰻。我們只能在外段攏毛蟹和長螯（ㄠˊ）溪蝦。至於已塌陷的紅磚啊砰唑口，更是不敢靠近，據說此是日本時代所建的輕便車隧道。它穿過山底，從另邊的龜吼啊村石角啊出口，出口拎佗位？勿知影。

這條輕便車道是在二省道尚未開拓前就已開通，由基隆到金山線的「輕便會社」所經營管理。從基隆至金包里，其間設置有金山驛—大鵬村—國聖村—野柳村—龜吼村—外木山—基隆站。全線大部分沿著海岸而行。此車道何時廢棄，不得而知，野柳溪谷頭的這處砰唑，也許是僅存的一處交通古蹟。在野柳從小就沒聽人詳述有關坐輕便車的代誌，只聽母親說過，咔早要去基隆，有輕便車好坐，只此而已。

野柳港岸下另有一處海沙灘，是在放屎石啊南月面，木坤啊叔所經營的籤啊店前路骸（ㄎㄚ）。這個半月形的細沙灘，俗稱內澳啊海沙埔，這處海沙澳也是中社內段從崁頂山骸到石啊尾漁家的泊船處所，因其東北邊有放屎石啊阻擋從港口直吹進來的東北季風及海浪，

上：鈑啊魚
下：花身啊（花身雞魚）

可保護漁船的安全，只可惜淤沙使得船隻隨著潮水漲退常會「靠底（ㄎㄜˋ ㄅㄝˋ，擱淺），出入有些不便。

野柳ㄐ社的漁船都泊在碼頭內岸下，以及其頭端 L 型大埕東南邊的駁崁岸下。約有五六十公尺長的碼頭就橫攔在港的東北方海口，把溪谷沖下來的泥沙留積在野柳ㄐ的岩岸下，使得礁岸壁和礁石少發海藻，藤壺也瘦小。退潮時岸下海床裸露於空氣中，因此留不住礁魚。倒是碼頭啊骹（ㄎㄚ，底座下）由於海流迴旋力強而侵浸出一道海溝。內可釣到䰽啊魚囝（䰽魚仔）、黑點啊（縱斑笛鯛）和細尾龍鮎啊，其外岸下卻可釣到咔無全款的較大尾海魚。這座由西北指向東南的人工石砌碼頭，呈狹長錐形，外層平斜，頂端約三四尺平臺，內層腰間有一與大埕平行寬二尺的走道，直至末端。整體而言像極噴射客機機身很是流線，卻顯得簡潔而厚重，每逢大浪碰撞激起丈高浪花，發出巨響，浪頭推至末端，整個碼頭啊尾浪花白似堆雪。浪稍退，海面會出現巨大漩渦，每看它默默承受重擊而濡濡

不動，老神在在儼然以對的態勢，至今還留有深刻印象，雖然它已無法重現了。

細漢時三五玩伴想要測知碼頭溝有多深，猜拳決定先後照輪流躍入海裡潛下，手中要抓把溝底泥沙為憑，記得為了加速落底還抱顆石頭躍下。於常潮時溝深應有丈二三（約四公尺）。野柳港只剩碼頭啊尾周圍最深了。

野柳港內，由於港底境況不同，有沙底、礁石底、活珊瑚礁叢，碼頭啊海溝，因此海生魚種也不盡相同，可說是多采多姿。

毛蟹

第五章　放屎石啊、內澳啊
（ㄅㄤˋ）

　　放屎石啊是屹立在野柳港東岸下海中的一獨立礁岩石，距港岸邊只有丈多遠，因經人工加築，面積攏總有百外坪。見其東角的原始斜礁棚臺，形態與野柳岬的地勢相同，由西北傾向東南。礁石南角，由人工築造一Ｌ型有丈多高的石砌駁崁平臺。咔早兩岸有舖設木板的鐵軌通道，後來因年久失修，居於安全而遭折除。

　　平臺後西角邊用石板塊舖設一丈寬斜石坡，上鋪鐵軌道插入港底，平臺上還遺有散落的鋼索、絞盤等物。據說這些設備是為了要因應四碼啊，四碼力機器船隻到來。因機器船有引擎加控向的鐵舵和銅製的「普列ㄐ啊」銅葉片，船身重人工無法拖拉，必要用絞力拉上岸維修。以免船底受損。這些設施據說是為了權益傾軋而廢棄，奇怪的是港裡的礁石應屬公眾所有，為什麼會淪為私有財產呢？細漢時，上礁臺見到這些重具，還以為是要做為早期野柳港停泊的一艘大帆船之修理場地。三四十年代，交通不便，貨不暢流，這艘船身烏黑，船後齊平看似半截的帆船，母親謔稱為（1）「黑船劊啊」（ㆦ ㄗㄨㄣˋ ㄍㆤˋ ㄚˋ），它屬住在崁頂山腳的臭本啊叔所獨資經營，也親自駕馭船行於野柳—淡水之間，專載些海沙、磚頭和少許民生物資。光復後不久，由於基金公路之開通而功成身退。

　　民國四十年左右，夏季風平浪靜時日，也有小型機器漁船到基隆的高沙漁港（崁啊頂漁行前的人工港渠之俗稱）。載回民生物資，如香蕉、甘蔗和高麗菜等等。

　　放屎石啊的西南邊岸中段處是一坪比平臺稍高的硓𥑮石叢，上面長了兩棵古老的「鳥屎楮啊」（ㄐ一ㄠˋ ㄙㄞˋ ㄑ一ㄥˇ ㄚˋ，雀榕）。茂盛的綠葉，每年冬尾落光，春頭開始結綠色樹啊子，熟後變為紫紅色，由於多汁又會生蟲，引來鳥雀吃食，因而得俗名「鳥楮」或「鳥屎楮」。等到春後結苞，陸續開出與玉蘭花同形狀而稍大的美麗花蕊，花期過後，花苞展放轉變成紫色嫩葉，慢慢又變成滿樹翠綠。雀榕樹枝雖脆性易折，生命力卻很

雀榕（鳥屎榕）林武雄 2018.2月 No.54

阮せ故鄉
魔鬼岬

強韌。又樹幹乾淨，花形色美與俗名大相逕庭。這兩株古榕因常年受到來自港口東北季風的欺壓，迫使枝幹於低姿態向前伸展，大片樹蔭底下閃風又無浪，成為泊船的好所在，只是每逢夏季初一、十五日左右，潮水（2）「中畫漊（ㄅㄠˇ・ㄅㄚ）」，漁民驚船啊會「靠底」或稱「靠堵」（擱淺），必須提前約一個小時，於午後三點左右出海。其實整個內澳啊除了石啊尾礁臺末端周圍海水較深外，其餘幾乎都因淤沙

林投樹

馬纓丹花

帶給漁民不少困擾。

木坤啊叔籤啊店厝邊有一條從嶺啊骸流落來的溪溝啊,長年都有水流,遇雨天,水聲嘩嘩叫。溝尾邊有一塊 V 字型的空地啊,右邊往上順溪溝邊走可上到過溝啊、嶺啊骸(ㄎㄚ),左有石板坡道直到崁頂山骸。這條溪溝啊水,從海沙埔頂流向鳥屎精啊骸、硓𥑮岤,退潮時,曾於岤內攄著一種蝦體褐黑有兩支長螯,類似在野柳爿坑啊生長的溪蝦,此種蝦在岬區岸下,從沒發現過。

放屎石啊東北面也是圍著整排較高的硓𥑮石叢,這排珊瑚岩是礁臺之至高點,岩上長了不少棵的精啊樹(臺灣榕),還參雜著其他種海岸特有林木,形成一小片樹林,林下西岸上有一塊平坦園地,其東南面圍著一排拇指粗有人高的「菅尾林」(菅芒)。俗稱菅蓁,野柳岬的平地、山間、園邊到處都有這種大支菅尾叢,其裡肌呈深紫色,有的長到超過人高,而它開的菅芒花也呈紫色,花梗似原子筆粗,有兩三尺長,是作釣魚浮筒的好材料。花季末期轉變成灰白色,從梗頭剪下,可綁成「掃帚」(掃把),早年都在花開過後枯葉期,將其叢從根頭剒下,曬乾折成尺長圓捆的「草引(ㄘㄠˋ ・一ㄥ)」作

為柴薪。

園地邊菅尾頂爬滿野牽牛花,原地上鋪長著一層翠綠的馬安藤,這種海岸沙灘上,第一線最常見的馬安藤,不但長年葉綠,還不時的開出朵朵粉紅紫美麗的小花蕊,夏季尤勝。整個平臺雖然只有百多坪大,植物生長卻也多樣,諸如,南洋薊、昭和草、茵陳蒿、馬櫻丹、冇(ㄆㄚˋ)骨消、姑婆芋、雞屎藤、鐵線蕨、小毛蕨、刺茄、園角啊草(雷公根)、刺杏、石板葉、彭萁菊、林投等濱海植物。

放屎石啊東邊是一向東南傾斜的礁岩棚臺。南接駁崁,北衛硓𥑮石叢。小時候夏季,都會抱個面桶啊揭支釣竿,泅水從石坡爬到「島」上來釣魚,北礁岸下的海蝕岩洞外有郭啊魚(鱠)可釣。其間每見於綠油油乾淨的園地,都不禁想要「野地外放」一下,如果有到內澳啊泅水,也都刻意由西角石板坡上去,在樹蔭下或菅尾腳(ㄍㄚ ㄇㄟˋ ㄎㄚ)選個甲意坫所在,舒服的「解放」。雖是艷陽天下舒放,卻有海風徐徐輕拂,鳥鳴蝶舞於前,此情境行人生大事,真是快樂呧代誌。也許早早就有社內先輩,享過此愜意之事,而直接了當的「雅」稱其

野柳港東隅的放屎石啊。

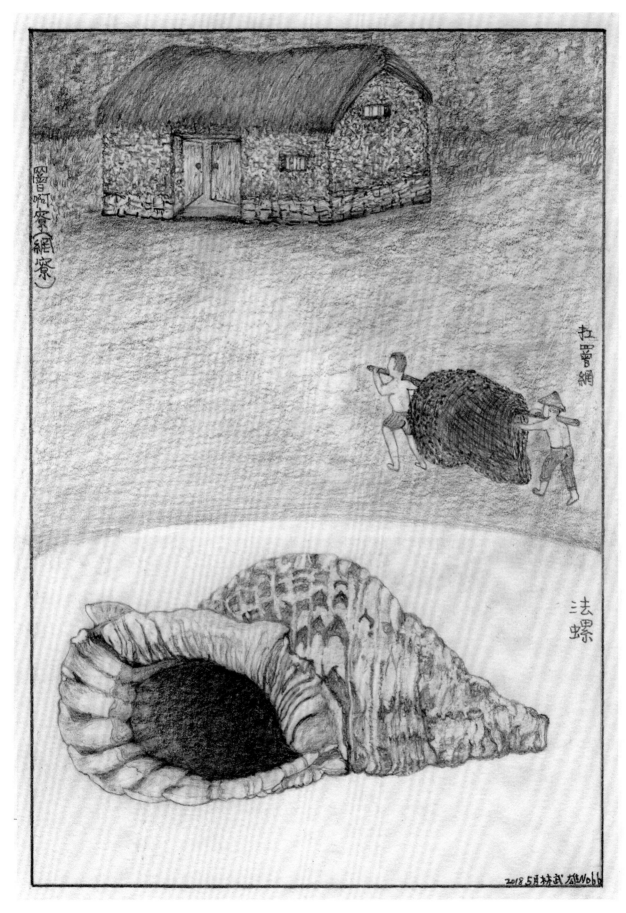

醫阿寮（絕寮）

扛罟網

法螺

2018.5月林武雄No.66

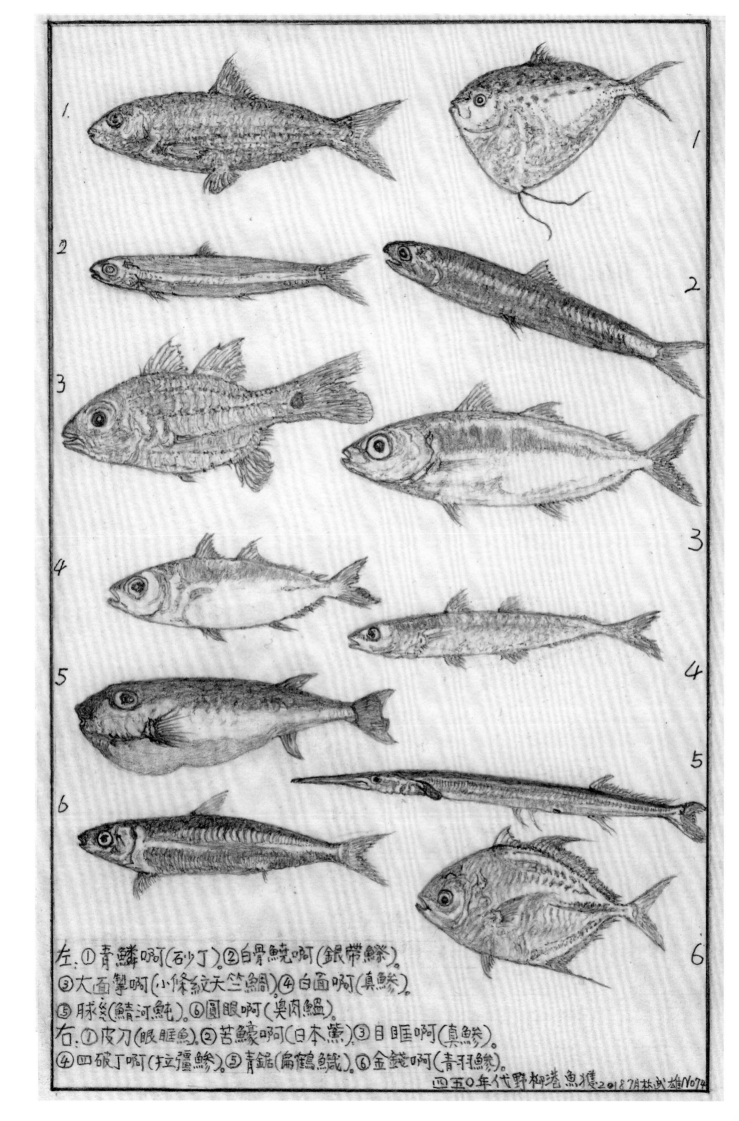

左. ①青鱗啊(石少丁)。②白骨鯷啊(銀帶鰶)。
③大面擊啊(小條紋天竺鯛)。④白面啊(真鰶)。
⑤脒終(鯖河魨)。⑥圓眼啊(臭肉鰮)。
右. ①皮刀(眼眶魚)。②苦鯪啊(日本鯷)③目眶啊(真鰺)。
④四破丁啊(拉疆鰺)。⑤青鋸(扁鶴鱵)。⑥金錢啊(青羽鰺)。

四五〇年代野柳港魚獲。2018 7月林武雄 NO74

為放屎石啊。

　　稱呼來由已不可考，也許是臺灣話在貶稱一小堆東西時，攏講（ㄍㄥˇ）「都無（ㄇㄩˇ）呡（ㄐ）垺（ㄅㄨˇ）屎（ㄙㄞˇ）偌（ㄏㄧㄚˋ）大堆咧」。就因野柳龜頭頂留有一仙人腳印，俗稱「仙骹（ㄎㄚ）蹄（ㄅㄝˇ）」，之所以是有神仙途經野柳岬時，惦佇（‧ㄅㄧ）港墘（ㄍㄧˇ）啊放（ㄅㄤˋ）一垺屎，而得名也嘛無一定？

　　早年這垺仙屎卻是鎮守內澳啊的守護神，它阻擋來自港口的風浪，緩和其氣勢，屹立不搖的保護著其西南面內澳啊的大小船隻以及港岸的安全，是個很好的天然屏障。

註：
(1)「黑船劍（ㄍㄝˊ）啊（ㄚˋ）」：黑色的半截船。臺語稱「斷作劍」（斷成半截）。
(2)「中畫潐（‧ㄅㄚ）」：於中午時潮位最底。

附註：夏至西北雨季，午間會忽烏雲密布，伺法螺之人馬上吹響低沉螺聲。午休漁人醒來趕至曝罟網場急急收網抬至網寮內，罟網淋濕會增加重量。

黑點啊

左頁左：
1.青鱗啊（砂丁）
2.白骨鐃啊（銀帶鰶）
3.大面挈啊（小條紋天竺鯛）
4.白面啊（真鰺）
5.脒ㄍㄨㄟ‧啊（鯖河魨）
6.圓眼啊（臭肉鰮）

左頁右：
1.皮刀（眼眶魚）
2.苦鰽啊（日本紫）
3.目眶啊（真鰺）
4.四破丁啊（拉疆鰺）
5.青鋸（扁鶴鱵）
6.金錢啊（青羽鰺）

秋姑啊魚

第六章　頂頭尾、外澳啊
（ㄅㄧㄥˋ ㄊㄠˇ ㄇㄟˋ）　（ㄜˋ）

五〇年代之前野柳港海法略圖

　　放屎石啊東南邊，隔一條丈多寬的海溝，是一堵比放屎石啊稍高的石造駁崁，也是野柳港最長的人工港岸，駁岸上平臺有四戶人家，從旺叢啊嬸家往外是電池間啊（專門經營集魚灯電池充電，俗稱飼電）。過來是杉啊嬸的簽啊店。再過是萬發啊叔的水泥小洋房，三、四十年代曾供海防駐軍使用，稱之為檢查哨（1）。這四間厝的後壁面緊靠著一長大岩石棚，石頭棚超出小洋房許多，其東北盡頭是一約有二十來坪大的圓形高臺地，突出在小洋房右後方的石壁頂，洋房右後屋角旁有人工鑿成的陡峭岩階可上下臺地，俗稱「頂頭尾」。

　　臺地周邊長有數棵榕樹，下置有石板、石塊，供休憩乘涼之用，於高臺上往下看港區一目了然，往北眺望一片海天相連，而野柳月山末端的礁啊尾礁臺、碼頭、港口、廟口埕、內外澳啊、車頭等，攏總有看著。討海人的家屬，上驚雄雄（ㄏㄧㄥˇ ㄏㄧㄥˇ，突然間）就來的「報頭（ㄅㄜˋ ㄊㄠˇ，季風浪）」。逢此狀況時，小臺地上自然成為觀看海象和關心船隻平安歸來的「望夫望子崖」。

　　在夏秋季魚汛期，可從臺地上眺望碼頭外漁船由遠而近駛入港和靠岸後，出魚啊、賣魚獲、洗船啊、扛網啊、泊船啊等工作情形，遇豐魚時期更會聚來老少婦孺，觀看隻隻漁船回航情景，她們可由漁船的「吃水痕」，判斷出此船漁獲量的多寡，如果看到自家船隻在行進間，徐緩而又吃水重，必定是滿載。歡愉之情自然言溢於表。

　　頂頭尾小平高臺西北邊約五公尺深的垂直崖壁腳下是塊約十公尺長、三四公尺寬，與崖壁橫向相等的岩石平臺。就像是一塊長方型厚石板墊在懸崖底部。岩臺外緣下是一片細沙灘，與岩表約有兩尺落差，平整的岩壁埋於海沙底下部份生作啥款？勿知影。崖臺與沙灘左邊是小洋房平臺的

民四〇年代 野柳中社廟口堤 硓砧尾、蚵澳蚵頂頭尾，鳥瞰。

外澳啊

圓眼啊

透抽

鎖卷啊棗

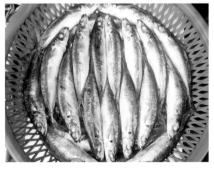

四破魚（真鰺）

盡頭，一堵與懸壁銜接的石砌駁崁。銜接處有石塔可下到岩臺上，向放屎石啊方向伸出的駁崁，約有十公尺長、丈多高，尾端約一公尺處下方剛巧接上一塊像吐司條狀的長型礁石，石表有米寬，離海床有丈多高，約三公尺長，早年(2)討火層啊（焚寄網）手構木殼舢舨時代，返港漁船都會靠到礁石邊，把漁船出入登記簿交給站立於平齊岩表上的檢查員，也有魚販早就等在礁上利用船隻靠近岸時跳下船去，為的是爭取第一時間看魚獲成色，好先議價成交。

成ㄇ字型的小沙澳頂上的長型岩臺，也是「港岸」，也是岸道，只是逢大潮時，海水會將其沒入水面下，路行不通只得從右後方的石板坡邊小道爬上頂頭尾才行。

小沙澳右邊大石外的石板塊斜坡，從岸下海裡一直往上舖陳到新厝口的樹啊骸（ㄎㄚ）せ灰槽啊邊。是居住於東四角啊漁家下到外澳啊，廟口埕的主要通道，近岸段較寬約十公尺見方算是港岸坡道。往上約有兩尺寬的坡道左，有塊閑置的空坵地。遇大颱風來臨時，船隻由石板坡岸往上推拉，擱置來避風浪。平時可供漁船修繕用地。

這處小沙澳水清可見底，在民國三、四十年代，是大人教導小小孩游泳玩水的所在。夏季遇有漁閒空檔的午前常很熱鬧。農曆五六月，港內常會有大陣的「海蜇（·ㄊㄝ）啊（水母）」湧入。有透明如冰塊大如臉盆無鬚的水母，這種水母不會螫人，而有長鬚鬚的水母，大部分都會螫人，有彩色漂亮斑點又長鬚越好看越厲害，如被碰到，皮膚馬上紅腫起長條狀斑疹，其癢無比、灼熱難當。最簡單的方法是趕快到岸上撒泡尿抹之，可消腫退癢。現在港水嚴重汙染，野柳港內外不知道還有漂亮的水母否？從小沙澳往外至廟口埕尾，俗稱硇砧尾，之間的這段岸線是謂外澳啊。此處古早可能是個大潮間帶，據說廟口埕尚未築高之前，潮水常會潑到廟腳。所以港岸人工舖陳痕跡明顯。全用原石塊疊砌，幾乎見不到水泥或任何粘著劑。舖石師父採原始工法築造，由於材質與野柳岬石質不相違背，所以並不妨礙野柳港天然之美感。

廟口埕左邊駁崁岸往內到朝宗啊叔牆圍啊骸前岸邊是內澳啊的主要泊船區，也是男童玩樂、釣漁區，逢炎夏最熱時段，三、五男孩在此

比賽「汆船啊骹（ㄎㄚ）」（潛水穿過船底）的遊戲。先比賽較容易的橫穿，再比直潛，由船尾潛入，順著船底潛進，由於船頭部較窄，氣不夠，利於放棄偏出水面。賽畢，再比跳水潛遠賽，兩人以上即可，參加者猜拳，輸者先行立於船頭頂，跳躍入海潛泳往前，氣盡浮出水面時，就原處「踦汨」（豎泳）作為標竿。第二入水者如果沒有超越前者即可出局，再者如能超過前標竿，就取而代之。直到參加者都無人能超越標竿者就是贏家。那年代漁村兒童性直純樸，絕少有偷吃步的。如果還沒玩夠，可從「罡（ㄍ）母船啊」（焚寄網三船組負責載漁網的母船）頂，翻起一塊寸厚寬尺半長約七八尺的船啊板（ㄓㄣˇㄚ‧ㄅㄤ），丟入海裡，抱著長木板的後方，往前推泳。可比賽速度，也可作陣暢遊港區間。這也是個人常有的玩法。

有一年的颱風過後一兩天，港水還相當渾濁，港口外大浪一股又一股的翻滾進來，引起一群村童的玩興，在一位村內青年的慫恿之下，各抱一塊倉板下海直往碼頭尾的港口去「揣（ㄉㄨˊ）海湧」，隨著大浪股的起伏推高摔低，極其刺激的遊戲。直到廟口埕有家長大聲斥責訐譙才作罷而「返航」。

咔早，野柳社有個很好的風俗規矩，就是只要本社的孩童在泊於岸邊任何人所有的船上，釣魚或玩耍，很少會被船主責罵，像是把船板拖下海裡當遊戲的工具，抑或把「櫓啊」（討小海啊的長方形小舢板）搖到港中去下碇釣魚，原則上是要選

白骨鱵啊魚

水針魚

在午前漁人休息時間，而且要物歸原位，絕不影響出海捕魚運作。尚有一忌是午後兩三點之前，於社內，以及港岸作任何事，都不能大聲喧嘩吵鬧，因為(3)「討早流」（透早返港這一趟）回來的漁人在出清魚獲把漁船收拾完畢後，回到家裡洗唄咧身軀，呷飷飽，就得趕緊休睏上床睡個好覺，因為午後三四點就得再出海討攄。如果你去把他吵醒，管你是王親國戚，呼郎許譙是活該死好。誰叫你違反社裡的俗成規範。

外澳啊內段小沙澳周邊是魚獲卸貨區，焚寄網和(4)攄罘啊（單船用硫磺氣燃火捕魚海法）魚獲大都倒倉散裝，靠岸後，看是用「歸倉攏卯」（整倉議價）或是論斤論籠與漁販交易，等魚獲全出清，便開始清洗船倉，用木板釘的四角型「水瀉」把倉裡的魚鱗、碎雜，以及漏籠之魚倒入海裡，引來大小尾海魚爭食，因此這一岸下區有很多海魚可釣，首多的是象耳啊（臭肚啊）、黑點啊（縱斑笛鯛）、魁扇婆啊（五線豆娘）、八仙骷啊（柴魚）、甘啊魚（鯵）等。魚餌大都是用新鮮的烏賊（鎖卷啊）肉切片。

而且這區佇暗頭啊六七點亘透早四五點港岸安靜時段，可釣到大尾「烏格」（黑鯛魚）、赤翅啊（黃鰭魚）和放屎石啊外層硓砧骹外海石間游過來的黑貓郭啊（玳瑁石斑），魚餌大都用鱙啊魚或苦鱶啊魚居多。

這處海面不時都有看著歸大陣呫魚啊囝，其中於烏啊犁（ㄜ　ㄚ・ㄌㄧㄝ，鯔魚仔）和臭肚啊魚最多。臭肚啊由於餓鬼繁殖快，所以護汝按怎釣都釣未了。有一種殘忍的釣法為「挫象耳啊」，用「放鯤啊」（延繩釣）用的英吋長J型魚鉤，五六個綁紮成一花蕊型釣叢，三四叢間隔連成一串，每釣叢頂結一個釣鉤，都掛上一塊鎖卷啊肉片。把粗主線結於竹竿尾端，當鉤串沉落海裡時，整群臭肚啊、(5)蜈蜞咬嘓隨就圍偎來搶餌。當它們忘情呷餌時，把竹竿往上大力一提，鉤叢上就會掛滿象耳啊。此法很是無道。可是那年代大家攏是先顧「腹胳」（肚子）才顧佛祖。

臭肚啊魚刺很毒，被刺到灼痛不堪，好法就是趕緊放尿沖之，很快就會減輕疼痛感。每年農曆八九月始東北季風起，港內小魚群與岬區珊瑚礁魚大都會消失無踪，換成較大尾海魚出場。

註：

(1)「檢查哨」：管制漁船進出港的「哨所」，早期漁船出入，管制嚴格，不但要有漁員證，每趟出海前要到哨站拿出港登記簿。登入時間、人數。晚間提火號，白天用旗號，於紅綠顏色辨識，回港時必先去交返登記簿。

(2)「焚寄網」：俗稱討火罾啊。三船十二漁員一組。較肥胖船身，謂之罛母船啊，負責載網。瘦長船身謂之罛啊（ㄍㄚ）或公船啊（ㄍㄤㄓㄣˇㄚˋ），負責載魚貨。最小隻呼之火船啊，負責點燈集魚。

(3)「討早流」：焚寄網魚期，每天有兩趟出海、回港的操作，午後四五點出海這一趟至八九點子夜前回。謂之暗流。子夜後至早上六七點這一趟謂之「早流」。

「擴栞啊」：用罛啊船、單船五六人操作，用硫磺氣火焰集魚，於扇形網捕魚法。又謂叉手網。（以上註項，請閱「野柳海法」之詳述。）

(4)「蜈蜞咬嘓」：臺語意就是水蛭（臺語蜈蜞），成群咬住青蛙（臺語青嘓啊）不放。

附野柳港五〇年代之前海法圖解。

- 第一張 15 號圖是最早期的討火罾啊（焚寄網）。一組三船十二人用木殼舢舨船，於夏季時節進行近岸討海。船身較胖的稱：罛母船啊（母船）。負責載網。船身較廋的稱：罛啊船（公船）。負責載漁獲。較小隻的稱：火船啊，負責用蓄電池點亮集魚燈沉落海裡先行沉火（此為使棲息在海床上，有趨光習性的小海魚被光誘而浮上水面下呷火，而易於捕撈。）誘魚浮上來於燈光引其入網，收網謂之做罾。

- 第二張 16 號圖稱：討小海啊。用長方型木殼小舢舨，俗呼櫓啊。單船二人組，一人負責擴櫓啊。一人把集魚燈落入海裡沉火等魚浮上來呷火，用大圓口長柄栞插入海裡撈之。捕的大都是鎖卷啊（烏賊）。

- 第三張 17 號圖稱：擴栞啊（叉手網）。單船六人組，木殼船身有流線彩繪，船頭兩邊有船眼而炯炯有神。利用硫磺岩塊加水的硫磺氣點火誘魚，火槍手單腳跪在船首內的船椅上，伸出火槍誘魚，待魚發狂呷火，火槍掃往船邊，叉網順

勢插入海裡撈捕之。此海法因成本高又要有操作技巧，捕的又只限於鱙啊魚或苦豪啊魚等較低經濟價值的小海魚類，所以早年野柳港不出一兩組而已。

- 第四張 20 號圖稱：放棍啊（延繩釣）。單船，大小船隻都可操作。一長長母線每間隔約四十公分遠，綁一約五十公分長的子線，尾結一 J 型釣鉤，掛上魚餌後，盤旋在木製約兩臺尺半、半尺高的方形棍啊盤裡，盤緣上四週刻有細溝，把餌鉤依序按入溝裡。至漁場，一人推舟，一人放繩入海。繩頭繩尾上方有浮筒吊住，下方有碇石定住。等放完釣繩，再從頭開始收繩，解下魚獲。繩旋回棍盤內，等返港再行清理。

- 第五張 19 號圖稱：討凸啊罾（棒受網）。民國四十年左右，住野柳港中社（港東）的莊慶忠先生，從日本本引進四碼力的機器船。（因引擎發動推進時，機器會發出洽…洽聲而得名洽啊）。不出幾年，野柳港海法就打破傳統，改為單船三人組即可出海討擴。因航程遠而漁場變闊，又人員精簡好操作，漁獲倍增，捉捕的又都是經濟價昂的鎖卷啊（烏賊）。民國六七十年代興盛無比，野柳港船隻幾乎全數在討凸啊罾海法。用四馬力舢舨討海俗稱：討洽ㄚ。

- 由於濫捕而漁獲年減，船隻大都改用塑鋼製造而愈造愈大隻。競爭又激烈，集魚燈改用特大型燈泡，由船自發電掛滿全船，亮度蓋過月光。不似早年要月暗暝魚啊才嘜呷火，變成什麼都能捕，幾乎全年無休！終於……。

附註：放鯤啊魚獲類多，只概略舉一二。那年代野柳港行放鯤者不多，而魚獲沙魚占大宗。村俗稱：沙魚，是指大白鯊，是鏢魚船才能鏢得。而放鯤啊上釣者是謂沙啊或白沙條啊（白眼鮫），還有細條沙魚是呼：沙條啊（日本灰鮫），至於皇帝娘沙（ㄚˇ髻鮫）其魚肉爛而無味，少有人吃。因其頭部形如清朝皇室宮女頂戴而得名皇帝娘。

沙啊價賤，魚身卻百分之九十五都能吃。由於是胎生，有的沙啊母腹剖開尚有數條活跳跳的沙啊囝，丟入海裡還會游水，可肯定是活不了啦。

討火矕啊

討小海啊

攑罟啊（叉手網）

放棍啊（延繩釣）

討凸阿罾

攄罘啊（右邊下網才正確）

討凸阿嚐

上：杙啊、尖啊鎖卷
中：大頭啊、闊框啊
下：流瀾啊

放棍啊（延繩釣）魚類：

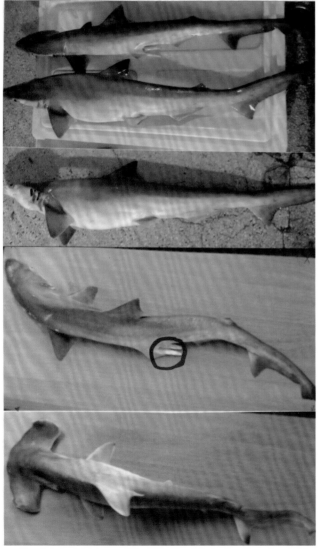

左一：沙條啊
左二：沙啊
左三：母沙
左四：公沙
左五：皇帝娘沙
右上：嘉納魚
右中：龍尖啊
右下：紅魚啊

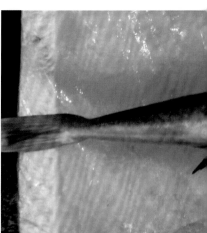

左上：嘉志魚　　中一：飛鳥虎（鬼頭刀）　右上：青魟
左中：黑喉啊　　中二：狗母沙　　　　　　右中：紅魟
左下：黑貓郭啊　中三：金線魚　　　　　　右下：白馬（白馬頭魚）
　　　　　　　　中四：雞角啊魚

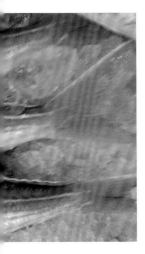

左上：薯鰻（鱘魚、錢鰻）
左中：成啊魚（泰來海鯰）
左下：紅馬頭
右上：雙帶鱸
右中：石狗公
右下：杜氏粗皮鯛

四十年代野柳港元老級大魚販順意女士與其弟老漁夫阿生先生

野柳港最資深老漁夫之一鄧賢能先生，八十好幾還在獨行船釣

中社資深漁夫火土啊先生

後澳啊社資深漁夫蔡政先生

十二三歲即參與討海行列的蔡得先生

老漁夫林添丁先生與其十一二歲就會狎魚啊的妻子摩的小姐

第七章 廟口埕外呬硓砧尾
（ㄌ ㄍ ㄇㄨㄟ ㄟ）

保安宮，聖王公廟廣場，俗稱廟口埕，廣場前外有一圍凸出的白化珊瑚環礁叢，呼作硓砧尾。廣場右邊有一大石岩棚臺，由西北向東南延出，呈倒ㄑ型約有六七十公尺長，硓砧尾在西邊，凸出點與碼頭啊尾相對，距約五十公尺，是野柳港口。大石棚西北邊低出的臨海邊緣，環著一排礁面約五六尺寬的硓砧石礁岩都已白化，是排天然港岸。漁船機器化之後，硓砧尾成為口岸，進出船隻都必要靠岸收授出海入港人員登記簿，而廟埕金亭後面石頭頂嘛起一間水泥屋作為檢查哨。

硓砧尾礁叢岸下，也是全港岸線較好的釣魚場所，除了過新年前後約二個月較少有人來此釣魚外，其餘時日都可見到大小漢釣客臨場。夏季熱帶礁魚最多，尤其是象耳啊魚（臭肚啊）上秫（ㄐㄧㄝˇ）。臭肚啊魚嘴小又飫鬼，只要用麵粉攪水成麵糰，搓成小圓粒，掛於最小號銅釣鈎上釣之即可。這處水較深嘛是（1）挫象耳啊耶上好所在。

硓砧尾礁叢環岸下，因被海水侵蝕成很多礁洞，是多種礁魚的溫床，其中有一種大眼，臉身相連，看起來臉面很大俗稱大麵掣啊的天竺鯛魚，其魚型很像古早傳統麵店啊掣啊麵耶麵掣啊（燙油麵的竹簍子）。或許就這樣被呼作大麵掣啊。此魚頭大眼大擱濶嘴，又擱飫鬼。卻又足不出戶很宅魚。可長到七八公分長。從硓砧頂裂洞口下探，見其懶閑悠哉，微擺著魚尾的沉浮在水中。可它一見魚餌落下，就會毫不猶疑的張其大嘴巴快速的把餌吞去，釣上時魚餌大都已經到其喉頭上，所以只要備支小竹叉一線一鈎一塊鎖卷啊肉餌，就可釣上十尾八尾。只是這種礁魚肉質鬆垮，水水無魚啊肉味。因此都只供小小孩學習釣魚而已。

每年中秋過後，野柳岬區海域開始吹起東北季風。岬北從龜頭尾到隧道口左下方的平骿啊尾礁臺外一帶海平面上會被掀起整齊劃一雪白色的小浪堆，像是被單上綴著白色花蕊般，俗稱「起白被」。這種特別的海象奇景非常好看，是可遇不可求的。當有此現象發生時，港面

象耳啊、臭肚啊（褐籃子魚）

也開始起摺痕而顯得焦躁不安。沆瀣海氣，導致泊於港岸下的船隻搖擺而發出淒淒滋滋的聲響。此種小澎湃海象俗謂之「作浪洸啊（ㄗㄨㄛ丶 ㄌㄥˊ ㄎㄥ ㄚ丶）」。碰上這種浪洸啊天，港內會撞進來一群不速之客的(2)烏啊魚。魚踪一現，如逢魚閑，馬上就會集來人手一竿的好釣此魚者，和跟來看熱鬧的村人，骹（ㄎㄚ）手咔好又攔內行的釣者，還會順手帶來一籠(3)「魚露膏」，先行把魚露膏合入一點海水稀疏後灑向海裡，膏裡的魚鱗碎屑，會引起魚群搶食，立即趁亂下釣，同時岸上也開始禁聲，釣者與觀場者都得採低姿勢。不是蹲著就是坐著，如站立身影會嚇到魚群，因此全場鴉雀無聲，只有釣竿彼起彼落。

釣這種齊頭烏或稱剁頭烏（因其頭殼頂有如被刀削平而得名）的海烏啊魚（鯔）。用的是麵粉摻米糠攪合的粉糰，揉成小丸粒，或是醃漬過的白骨鯪啊或苦鱸啊魚肉丁作餌。海烏不但嘴巴小、生性膽怯敏感攔青狂。集體搶餌時像是空襲。可是一但受到驚嚇，好像有魚統領在下達命令般的立即閃魚。走的一尾不留，消聲匿跡。因此釣這種海烏魚不但要沉著以對，還得具備相當的釣技，所以在一場釣會下來，結果是有人只釣到一兩尾。卻也有人會釣上八九尾，而槓龜結局者也大有人在。我雖然很會釣礁魚但不會釣烏啊魚。

為什麼很多村民喜歡釣這種魚？因為它不但肉質豐腴鮮美，在

那年代的海垵啊查某人（ㄗㄚ ㄇㄟˋ ㄌㄤˇ），都用母乳授乳，說是用烏啊魚煮麻油酒奉伊吃，會使之「乳水雙管倒」，而本來無啥乳水飼細囝的老姆，呷了後嘛會乎伊乳水滂滂流。這是真耶呢。秋冬季，風浪稍大時偶爾也會在此岸下釣到游進來避風浪的較大尾海魚如魁扇婆啊（五線豆娘）、黑點啊（縱斑笛鯛）、大尾臭肚啊、黑耗啊（瓜子鱲）等。

小時候夏季魚汛期，晚飯後會跟著老爸拿著草蓆、被單來硓砧尾頂睏，為的是等八九點就回來的漁船，好在第一時間就能和船主達成交易，因家父是野柳港的魚販啊。

註：

(1)「挫象耳啊」：用較硬竹竿，尾結一較粗釣線，線尾結數枚 J 型釣鉤綁成的鉤蕊叢，每叢上方結一枚 J 型釣鉤用來掛餌。可多蕊釣叢。當拋落海裡，魚群搶食鉤蕊上方魚餌，趁時用力把竹竿往上一提，臭肚啊魚來不及閃避，不同部位被掛上鉤蕊。此法雖然殘忍，但在那個年代總是先顧腹肚再拜佛祖。

(2)「烏啊魚」：近岸海烏大都只約半斤十餘兩重，肉不臭膩又細膩。

(3)「魚露膏」：煠熟魚啊的魚湯汁，過濾後所留下來的魚鱗與雜碎。過濾下來湯汁謂「魚露」。是搵煠青菜的第一好醬汁，很珍貴。而魚露膏嘛足有路用，加入豬菜給豬吃是豬的上等料理。稀入水裡是渥蕃薯和根莖、瓜類的上好肥料。

附註：早年焚寄網討回來的另種魚身瘦長的小尾天竺鯛海魚，頂多只能煠熟曬成魚脯啊而已。如不是巧遇，漁民不喜捕之。

象耳啊

右圖：廟口
埕硓砧尾頂
挫象耳啊

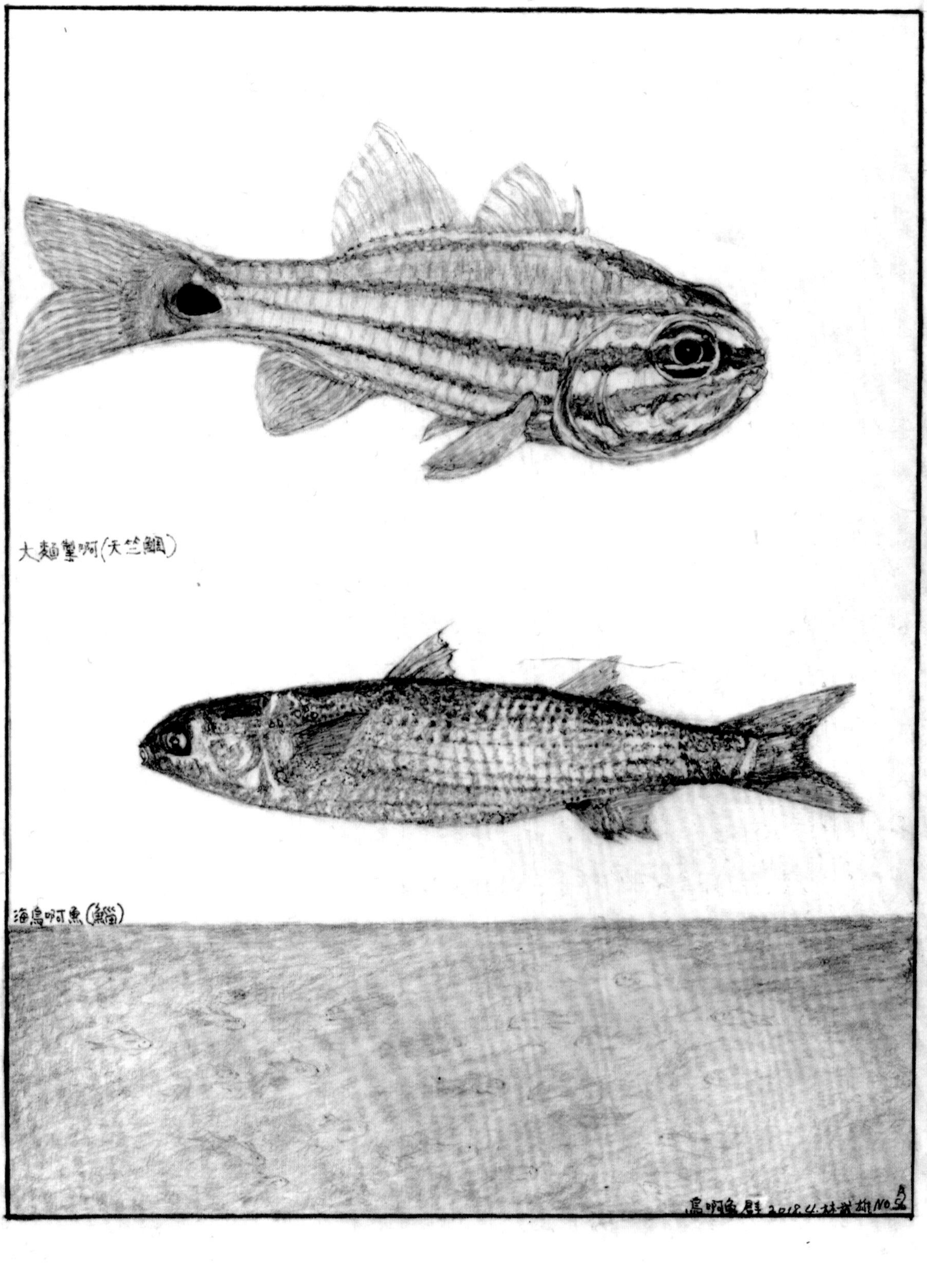
大麵蟹啊(天竺鯛)
海烏啊魚(鯔)

第八章　港底世硓砧花
（ㄌㄍ·ㄏㄟ）

村人稱呼活珊瑚叢謂硓砧花。在碼頭啊南爿面，廟口埕硓砧尾西邊，放屎石啊北岸下不遠處的港中央海底，就有一園的硓砧花叢區。村人謂之港底硓砧花。民國四十五年之前大約還有百來坪寬廣，由其周邊的海底地貌觀之，它的南邊和放屎石啊相接，還有一片被泥沙汙染而死亡的白化珊瑚礁群。西北面因被厚沙覆蓋其下形態不得知。這片礁叢能夠存活下來，完全是靠從東北面港口撞進來的強力海流力量，迫使泥沙往西南面推積所至。而種種跡象顯示，古早的野柳港灣海床應全是活珊瑚礁岩的天下，後來因築港和淤沙的吞噬，才迫得其範圍逐漸減縮而只留下此一小塊的瑰寶地，五十年代之前逢退潮時候，礁叢處海水不夠(1)「撋（ㄕㄜㄋˇ）深」。舢舨蕩漾其上，清可見底。礁上五彩繽紛的海葵花以及追逐鬥艷的熱帶珊瑚礁魚和珊瑚礁生態全可一目了然。這片礁域也是港內最佳的海釣區，細漢時，在夏季的午前常在外澳啊岸下，解開一隻長方形小舢舨「櫓啊」搖到礁區海上拋石碇開始下釣，因為海水清澈而不必用「浮蕩啊（ㄆㄨˊ　ㄊㄤˊ　ㄚˋ，浮標）」。俗謂（2）「釣沈底耶」。魚餌大多用烏賊鎖卷啊肉片。目標是棲息放硓砧咚的紅點郭啊（布氏石斑魚）、黑貓郭啊（玳瑁石斑）等鱠科魚類。郭啊魚都有個共同點就是大目闊嘴，非常兇猛霸道。見有餌落底，要不就衝出一口咬去，要不就假紳士的守於洞口，默然斜視愛理不理的款式。可是等各色小魚圍上來興高彩烈的呷餌時，只見魚群突然閃散，釣竿尾一彎，同時握住竿頭的手掌一緊，經驗法則示知，它老兄已把餌搶吞去了。趁時趕快把釣竿往上提拉，十之八九魚已上鉤。雖然手腳已經夠快了，可是釣上來要解鉤時，大多肉片已到它的攔喉頭，如果稍加遲疑，肉片定會被吞落肚，更糟糕的是提竿不及而讓它老兄跑入咚底，我苦咧，一副釣線就要了去啊。

硓砧花礁叢間，熱帶魚不少，村民常會於風平浪靜的時候搖著櫓啊來礁叢上進行「籍魚啊」（刺魚）。單兵或兩人組都可。前者先把舢舨搖到礁叢北面上流，讓舢舨隨流慢

慢漂於礁叢上。刺魚者蹲趴在船邊一手執握著丈長三叉頭刺槍，一手抓著一個似米斗的木製圓筒，上頭露空，下口鑲上清玻璃片，浮貼在水面上，一發現標的魚，即刻對準刺之。如果是兩人組，一個搆櫓啊（ㄍㄜˋ ㄌㄚˋ），一人行刺。箍魚啊如果於夜間進行必備集魚燈，沉入水中照明。

在礁叢間的獵獲物有石鷄魚（花尾鷹羽雕魚）、薯鰻（鰒）、石鮔（八爪鱆魚）、油魚（蝶魚）和怗哐郭啊魚（石斑魚）等。野柳岬區都為礁石海床。因而屬鱠類的郭啊魚特多，因有太多的礁哐讓它們棲息。小魚蝦又多食物不匱。又因郭啊魚成長較慢，所以肉質札實，甘鮮有味是上等的礁魚。夏季午前逢漲潮時段，礁叢與海平面中間會浮游著不少，約四五寸長魚體上半是淺咖啡色而腹部微黃，有三四條直斑紋，俗稱浮水郭啊的石斑魚。這種魚常會在半途攔截落餌，雖覺得討厭也不得不把它拉上來，討回釣鈎再把其丟回海裡去，因為此直紋斑郭啊魚，生性懶散，喜食浮游物，所以肉質鬆垮而缺鮮魚味，至不討喜，無郎愛吃。勿（ㄣ）夠近年常於魚攤上發現怀（ㄣ）知佗位來的此種浮水郭啊？且價位不菲，可能是本島岸下已少有野生石斑，所至無魚蝦嘛好。據鄉親說，現在野柳若

左上：浮水郭啊（橫紋鱠）
左中：黑格啊
左下：大郭（大尾石斑魚）
右上：紅點郭啊
右中：八仙骷啊（柴魚）
右下：石鮔（八爪章魚）

無毒水母（透明無鬚）

有毒水母（色彩鮮艷有鬚）

2018上月木春武法拍No.65

有人釣著呎半尾啊郭啊魚，大家相爭買，管伊一斤額秤貴俗都買去呷，別種如黑耗啊魚（瓜子鑞）、鷄啊魚、石狗公啊等近岸海海亦然。尹攏講實在太好呷咧，可惜貨色無秤。

民國四十年左右有村民在硓砧花頂籍著一尾百斤大郭（大尾鱠魚），多年後還為村人津津樂道，雖然大尾石斑應該是佇外海泅入來硓砧花頂暫棲。可也就知道這片珊瑚礁叢在早期是生機蓬勃的。可惜因為漁船機器化之後，油污廢水不斷注入港裡。據聞野柳港底早就被滒滒膏膏黑貓貓耶瀾膏啊糜所掩蓋。真不知這片硓砧花其何善終？想必是一點一滴的飽受摧殘終至全部窒息而亡，天可憐見這塊野柳岬區最淺而易見的瑰寶，就按怩消失無踪，而永不復見了。兒時硓砧花頂的

快樂時光只可追憶。

註：

(1)「摂」：漁民對海水深度的講法，一摂長是一個正常男性，把雙手左右伸直，兩手中指尖之間，謂一摂，大約五尺七八至六尺。

(2)「釣沈底耶」：單線單鈎用沿錘把餌沈落海底，靠手握的觸動，感覺魚有無吃餌，這種釣法早年大都釣礁魚。

水母：俗稱海蜇啊（ㄏㄞˋ ㄊㄧㄝ ㄚˋ），被螫到謂甩著（ㄙㄨˋ ㄅㄧㄡˋ）

附註：硓砧花。俗稱活珊瑚礁叢謂硓砧花。白化死了的珊瑚礁岩謂硓砧或砧硓石。

雷公蟳

傻匡生魚

醫生魚

第九章　硓砧蔥頂抙錢鰻

從廟口埕右手邊，金亭後壁面，順著岬之走向，直到土地公前澳啊口，是一條狹長的岩石棚臺，最寬處約有三十公尺。從廟口埕硓砧尾，土地公前的石棚末端，它的外層臨海岸都環繞著高低起伏的白化珊瑚礁岩叢。岩叢高點在中社最北漁戶嚴家庭前石牆下方的岩臺臨海邊緣，一排約十公尺長兩公尺寬，高出岩臺約公尺高的珊瑚礁叢，俗稱硓砧蔥。

硓砧蔥，垂直的外礁壁下面海床上是片活珊瑚礁參雜白化珊瑚礁岩區。距硓砧蔥頂約四米多高，退潮時候水深只米多而已。從上下望海底情況清晰可見，海床礁岩間，棲息多種熱帶魚類，其中有凶猛的掠食性強的錢鰻（鯙魚）。細漢時，於退潮時候在蔥頂向海底拋釣線(1)「抙薯鰻」。用單條較粗母線尾結約尺長的較細子線尾結一枚 J 型放鯤啊用的釣鉤，母子線結處捲上鉛片利餌下沈。釣線頭端綁上小木段利於手抓握。用鹽稍醃過的鰇啊魚或生鎖卷啊肉片作餌。

錢鰻平常時候都把頭部裸一段於礁岩洞縫口，睜著一蕊凶眼，一動不動的環視著周遭魚況，等待粗心大意還帶屎的魚蝦靠近，它就會出其不意閃電般的出擊，幾無一失。

抙薯鰻拋線是重點，要把釣線拋過頭，等魚餌將落底前，把它拉回落於鯙魚前面，或左右不遠處，如果正好落於其正前約尺遠是最佳落點。於鯙魚習性，除非是它餓壞了，是不會立即出手的，它會若無其事，不動聲色的待著，然後出其不意的衝出噬餌。說時遲，要趕快提拉釣線，如果它衝出過頭，魚身露出太多，配合得宜挫線，就能一舉把它拉上岸來。如果餌被搶吞，挫線太慢，它還是只露頭部一段在洞外，那就得兩相對峙比耐力，受不了時它會認輸，而生殺由你。如果讓它全身縮回洞內，任由你費盡九牛二虎之力，死也拉它不出來，只有斷線一途了。如果魚餌沈落於它面前左右，可慢慢將餌拉從它面前經過，利用其掠食性格，引誘它搶餌，這最好釣。不過遇其飽肚受此干擾，它老兄乾脆把頭縮回洞裡，這一縮，它很少再現身。如果魚餌在它面前，它還保持原狀，那就表

民四〇年代里鄉海外岸岩砧忿頂洋華鰻

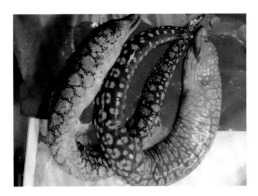

薯鰻（鱘魚、錢鰻）

灰（灶之餘燼）。擴去其外皮層黏稠物，洗淨後，海坺啊人傳統煮法，豆油水啊或半酒水、當歸、枸杞、黃耆燉之呷補，據說其頭最補，俗謂：「見頭三分補」。

示它有呷餌的意願了。

錢鰻一被釣上岸會強力扭捲魚身，加上嘴巴上下顎，環有整排鋸齒，必須要用一木板壓住頭部，小心把魚鉤拔下。魚小丟回海裡去，魚夠大才帶回家燉補，不然把小尾魚帶回家會被老姆啊罵講：「偌細尾，(2) 肚臍屎都還未落咧，你就甲伊釣起來，勿好偌夭壽啦。」。

大尾薯鰻皮下積有一層脂肪，類似豬皮，卻比豬皮Q軟，其肉雖多刺且不刺嘴。肉質白嫩，膠原豐富，肥而不膩。不過還是有多人見其魚型似蛇而不敢嘗試。老饕卻趨之若鶩，視為珍饈。

煮食薯鰻必先用布或火

註：

(1)「薯鰻」：用單條粗釣線，尾結一 J 型釣鉤。左手握住綁著線頭的小木棍，右手抓著釣線，不時拉動釣餌，引誘掠食性強的錢鰻搶餌。「挵」有逗弄引誘之意。

(2)「肚臍屎都還未落咧」：意即未長成之魚。

附註：錢鰻也呼薯鰻，討海人不知何因大都忌食之。小時候聽聞，嘴似雞喙的雞角啊鰻上好呷。

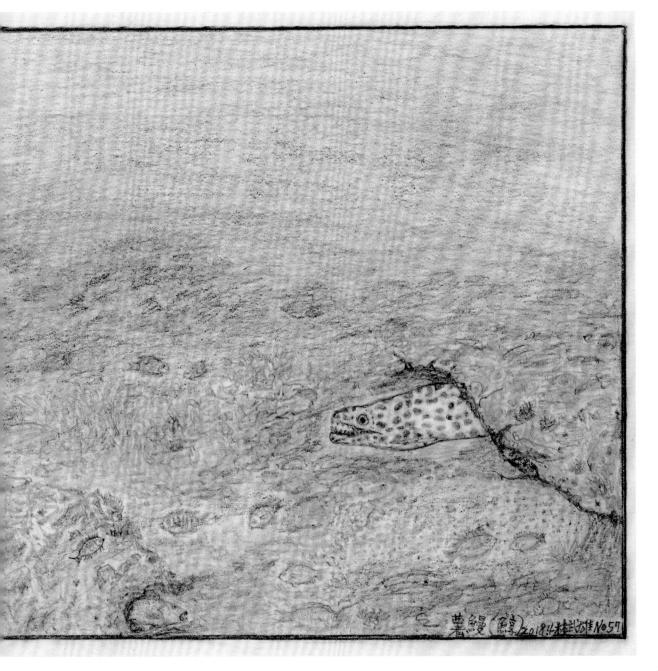

薯鰻（魚鰻）2018.4 林武雄 No 57

第十章 大石骱、草栖、潮池

硓砧蔥岸礁蔓外盡頭處岩臺下是一Ｖ型海蝕岩巖凹洞，細看之下，廟口埕右的大石岩臺至此終，與往外的大石棚並不連接。約有丈深Ｖ型洞，遇有小澎湃浪天可釣到躲進來避浪的黑秅啊魚（瓜子鱲）、豆娘和一些較大尾雜錯海魚。

大石棚前半段臨海岸壁陡峭，飛沫帶間長滿狀似小火山的甲殼動物藤壺。高潮帶上結層石頭蠔啊（岩蚵），這種原生海蚵，早年在野柳港區岩壁上，礁石同潮帶上都有附著生長，四十年代之前還常可見到村人於夏秋季退潮時段手揹一個銅筒啊（鐵罐，兩邊上穿孔安鐵絲可提）。一手拿枝「蠔啄啊」（尺長木棒，末端安上一生鐵鑄造鷹喙狀鐵鈎）。沿著港岸石間，找尋有厚殼的岩蚵，啄開後，用鋁湯匙挖出蚵肉，丟進裝有海水的筒內保鮮。這種原生岩蚵肉雖小，比養殖蚵更富鮮味而好呷。可惜由於海水汙染日重，使得蚵肉不再豐腴而帶臭油味，終至無人敢取食之。

陡峭岩壁下丈多深的海床，是片活珊瑚礁群，於岸上無法窺得全貌，如於退潮時段，在舢舨上下探，海水清可見底，礁群間生態可一目了然。硓砧花（活珊瑚礁叢）、海葵花嵯錯絢麗，五花十色的熱帶珊瑚礁魚熙攘追逐或閒蕩，有條紋彩繪細膩的油魚（鰈魚）、如帆船的立旗魚、似京戲臉譜的鸚哥魚和五帶鯛魚以及胡亂彩繪的鰍婆（魨）。

有如歌舞孃裝扮的龍鬚簑魚。八爪鱆魚俗呼石鉅和錢鰻（鱘）等等。難以細舉。而不得不提的是卡

上：潮池（石頭密啊）
下：藤壺

通「海底總動員」的主角魚尼莫（克氏海葵魚）。這種婥擱古錐的雪文魚（皂魚）也是配色高手，有深藍、黑、白、紅、黃、橙色相互交錯。不過還是於尼莫的橙紅錯白條紋最為亮麗可愛。我曾於此很難得的釣起一條如此顏色的海葵魚，還把它暫供於（2）面桶啊底看婿。走時才不捨的把它給丟回海裡去。

早年村內長輩有過如此叮嚀說，凡是魚身軀有膏膏黏黏的珊瑚礁魚，除錢鰻以外都有毒性，如石鱸類和魨類等。

大石棚後半段，臨海岸邊下圍有一排硓𥑮岩叢，常潮時沉沒於海平面下，退潮時才會曝露出來。每年的春

刺鮄（斑點河豚）
從上到下：上鉤、膨風、假死

末夏初，硓𥑮岩礁叢表好發大片草栖叢（3）（馬尾藻叢）。較深處長出是梗長的粉葉馬尾藻。水淺處礁岩表，長的是重綠馬尾藻，其葉似耳殼，也謂耳殼藻。還參插些小喇叭藻。事實上，這季節在岬區礁岸下四處都見得到茂盛的草栖族群，只是這排草栖離社區最近且顯而易見。

草栖是野柳岬礁岸下不可或缺的寶貝，它是岬區海域魚、蝦、蟹、蟳和螺貝類的養成庇護所，有它們家族存在的地方，海底生態顯得特別豐富而

有生機。而且草栖成長快速，不多時就會把礁岸下蔓成一片草栖海，此同時也是岩礁岸下海裡海生最繁華熱鬧的時期。粉葉馬尾藻從較深的原石礁表上立基，直至竄出海面還會繼續生長，因此蔓成一片草栖海。而海床上有被侵蝕的沙礫凹坑，草栖蒂頭無法立基，因此草栖海間會形成（4）草栖窟啊，晨間八九點漲常潮時段，從空洞中落餌，有多種海魚可釣，只是一長一短的子線，如一鉤上魚，掙扎時另線常會鉤到草栖梗，有時得戴上双仁水鏡，躍入草栖海裡，潛進草栖叢下去拔鉤，晨陽曬落的草栖骸（腳下）瑞氣千

黑莢啊（縱帶笛鯛）

條還熱鬧滾滾。各形各色的礁魚，棲息叢下。由於草栖芽支葉下的小苞囊末端小氣口長有鬚鬚的小毛囊，這些細鬚以及數不清的浮游小生物，能提供給細口魚類無限的食物，尤其是象耳啊（臭肚啊魚）和鰍婆魚仔（魨類）更是常客。有一種突嘴巴的斑點白色河魨，俗稱「刺脈（˙ㄍㄟ）」的鰃魚最是討厭，又尚飫鬼，它一被拖離水面就開始膨風，把自己吹成圓形刺球。露出哈麥兩齒（布袋戲丑角）的大暴牙，也不怪自己飫鬼愛呷，還恨得吱吱嘎嘎碎碎念個不停。之後就緊閉突嘴，說不開口就是怵願捌開，因其滿身是刺，只好剪鉤。好笑的是它還會睜著一蕊死魚眼裝死而一動不動，但當你把它丟回海裡時，起先它還是一副死相的漂浮於水面上，可才一轉眼間，它老哥已不見潛回海裡去了。

午後退潮時，草栖舖於礁表上臨海邊緣，引來成群的臭肚啊魚，爭食浮在水面葉間的草栖籽（ㄐㄧˋ）。有村人趁時拿著一枝（5）討小海啊用的長柄大圓罜，彎身低伏於礁上伺機而捕之。俗謂撨象耳啊。趁魚群呷甲摒肚去（現白肚）而正興時，伸出長柄罜及時罩下，魚群

九帶天竺鯛

往外撞，正好落入罘袋裡。這種捕魚方式看似簡單但必俱備技巧，沉穩耐性。不是多人會施展的。象耳啊（褐藍子魚）拜草栖所賜，是野柳岬區常年都有產的靠岸海魚，也是煮薑絲魚湯的上好食材。會撈象魚啊的漁家，每煮就是一大鼎，男丁都用大碗公捧著嚙食。其魚肉白嫩，湯頭清甜無比有特殊鮮味，而美中不足是刺真碇。

草栖由於根蒂能釋出石灰鈣，溶合岩表而著力堅固，枝梗柔韌可隨風湧擺渡，因此普通風浪難奈其何，即使強浪也只有少數會被連根拔起，大都只梗葉受折損而已。被折斷的草栖會成摶的隨著海流肆架（四處）去流浪。有趣的是漂浪期間，會有小魚仔如頭殼頂有支獨刺的鰍婆魚仔（中華單棘魨仔）、臭肚啊魚仔和豆娘仔魚等不離不棄的蔽棲叢藂下，與其到處漂蕩。

每年五、六月是飛烏（飛魚、文鰩魚）的產卵季節，隨波逐流的叢摶，正好作為飛魚的產卵溫床。它們把一串串的魚卵？產掛在草栖梗葉上。漁夫於討海途中，都會順手撈叢藂回家打牙祭。逢盛產，也有漁家專程去撿撈的。如草栖量少，

也有漁民攜帶較舊的(6)茄薦或(7)草袋啊,丟於海面上,刻意給飛魚產卵。飛鳥卵撿回,泡於清水中,挑剔去草栖或茄薦的碎葉渣,清水稍沖,即可烹飪。村人煮飛魚蛋,不外乎用豬油薑絲炒,或用豬油薑絲入鍋稍煮,注入一比三醬油和水放入魚卵,滾了即可起鼎。是為「煮豆油水啊」。魚蛋入嘴,哱著(嚼)

啪啵叫,趣味又有嚼勁,至今尚有鄉親於產季時,捎來些許解饞。耳聞,近年來飛鳥卵不但量少,還外銷日本而價昂。馬尾藻於夏末始,已失去原來帶有金黃色的光澤,變成黃褐色。秋至,東北季風湧起,草栖已到衰敗期,很容易就會被風浪連根拔除,隨著流(ㄌㄠ∨)水打回到各處灘頭上,奉獻給次等爬

厚殼婆啊(褐雀鯛)

左上:飛烏(飛魚),下:草栖:海里釣,右上:達婆(尾斑鈎鱗魨),下,草栖(粉葉馬尾藻)2018.4月林鄉鎮 No62

金環宝螺.

橫紋蟳
(屎蟳啊)

雪山宝螺.

花蚰宝螺.

2018 5月林鄉鎮 No63

龍鬚魚

立旗魚

克氏海葵魚（小醜魚）

油魚（蝶魚）

B

2018.4 林武雄 No.59

蟲類作為饗宴後，再由冬陽蝕之終魂歸大海。

　　大石棚的這埒姥砧石礁叢間，在夏季還棲有一種漂亮的（8）寶螺。有遠古的貨幣寶螺，殼有金環的金環寶螺、純白無瑕的玉兔寶螺、黑底白點的白星寶螺等。這些美麗使人愛不釋手的寶螺，棲息在珊瑚礁叢的坑洞中，每於退潮時出來游走於岩表草栖叢上覓食。小時候非常喜歡撿拾這種俗呼牛港蜓啊的寶螺，目的不是要食其薄螺肉，而是把它放於屋頂，任其螺肉腐爛後，才用滾水燙之，拿鐵絲將其肉屑鉤鉤清，雖然經過如此折騰，寶螺亮麗的表殼依然絲毫不失色。早年野柳海撈來的大如鵝蛋，以及小如豆粒的諸多各種寶螺，都被遊客買走。已多年不見其樣了。

註：
(1)「姥砧蒽」：村人對海岸白化珊瑚礁岩叢的稱謂。
(2)「面桶啊」：小時候到海邊釣魚都拿家裡的洗臉盆去裝魚或用來捉海蟑螂作餌之用途。
(3)「馬尾藻」：村俗呼草栖。據說可用來製藥。
(4)「草栖窟啊」：馬尾藻潮池。
(5)「討小海啊」：用俗稱擄啊的長方形小舢舨出海捕魚，俗謂之討小海啊。大都捕捉鎖卷啊。

(6)「茄薦（ㄍㄚ˙ㄐㄩㄣˇ）」：用菅尾葉編成4×6的草蓆子，用來曝曬魚脯之用。
(7)「草袋啊」：用稻草編成的草袋子，用來裝粗粒海鹽。早年漁村的專賣鹽袋。
(8)「寶螺」：俗名牛港蜓（ㄞ）啊，五十年代在野柳岬各個潮間帶攤上俯拾即有其空殼，尤其是小骿啊、新澳啊潮間帶沙灘，和大骿頭的蘺啊棧沙灘上，可說俯拾即有，而現在已一粒不存了。

第十一章 土地公前

土地公前顧名思義就是土地公的前面。在保安宮後的(1)「小單面山」（廟後山啊）、北角和「大單面山」土地公山的西崖下，有一天然海蝕澳，由於其澳北大礁臺上有一小土地公祠面對海澳，因而得名土地公前澳啊，簡呼土地公前。土地公廟啊座落在大礁臺前段頂上，廟左往外不遠處的礁臺上有兩條寬約三四公尺縱深十餘公尺，歷經千百萬年由海水浸蝕的野柳岬最長深的海蝕溝渠。因被切割的礁表光滑呈白色，遠望有如笈白筍，因而俗謂之「笈白條啊石」。溝渠口礁岸和對面低下的大石棚尾之間是海澳的進水口，漲潮時相隔約有四五十公尺，大退潮時也才十幾公尺之遙，倒像個大海溝，此時大石棚末端會現出被海浪侵蝕出的大小硓砧和海石潮地，用丈長小釣竿就能在這些潮池中釣到俗稱八仙骷啊（柴魚）、厚殼婆啊（褐雀鯛）、魁扇婆啊（五線豆娘）以及隆頭類和各種海鯛類魚。不過落餌時會有很多種小海魚加入搶餌行列，如火金姑啊（藍雀鯛）、臭肚啊、(2)真假醫生魚、半帶擬隆鯛，而後者是三帶盾齒鯿。歸陣(3)三介娘啊、(4)蜈蜞咬嘓偎來呷餌，有夠熱鬧。這些個(5)潮池海生非常豐富，池底壁崖各種藻類叢生，攀爬著各款蟳蠏，如生有兩隻大螯的「雷公蟳」（假團扇蠏）。據說被這紅色雷公蟳鉗住，必聞雷響，它才肯放開，而且團扇蟹有很多種，因有前說，見之大多避之為是。砂礫中的蠘啊（梭子蟹）見有動靜就張開兩枝尖鉗，像似隨時備戰中。而勤跑於礁岸間的屎蟳啊（橫紋蟹）卻隨時都見其用兩支前螯一上一下不停地往嘴裡送東西，不知伊是佇呷啥麼好呷耶物件。而集

魁扇婆啊（五線豆娘）

梭地豆娘

上：雙帶鱸
下：白捆歷啊

眾魚、蝦、水卒、蝟兵蟹將所共同譜出的潮地樂章，真是熱鬧滾滾。

　　土地公前海澳有三個面相不同的潮間帶，土地公廟啊正對面大石棚後面是較大而佈滿大粒海石的潮間帶。其灘頂有條通往外岬的小徑，步道下方雜草舖上插滿木樁，連上大石棚後半都（6）鑿洞立樁用來曝曬漁網。而灘頭上有多顆葦狀石，

石下草叢中棲有不少的山寄生啊（陸寄生蟹）。左灘大石棚末段礁裙的飛沫帶下淺水間舖排著大小各款螺貝殼的海寄生蟹。俗謂海寄生啊，這段礁群是野柳岬礁區棲息海寄生啊最多的地方，夏季要釣熱帶海魚，必於此揀選大小適中的寄生蟹，碎其殼取蟹體的尾部肉體，順著腔孔鉤入為餌，是鯛類最愛的食餌。

五十年代還有一種全岬區海魚都能接受的魚餌俗稱海虫（沙蠶），捉它要等退潮時候，用消毒水混合海水適度稀疏後，潑灑於礁群岩臺上，藏身在岩臺隙縫洞中的海虫，因受不了藥水嗆味而竄出頭來，用手指捏住，慢慢把約有尺長0.5公分寬呈淡紅色的扁型蟲體拉出，Q軟蟲體兩邊長滿小鬚鬚，切段作餌是海魚之最愛。

這處潮間帶灘下原生礁石間，也是野柳岬區小海螺聚集最密的區域。(7)上潮帶層縫積泥上，舖滿著尖尾苦螺啊（粗肋結螺）族群。及其頂頭飛沫帶的寄生蟹族群壁壘分明。灘下最外層較大粒礁石上坑洞中棲有珠螺。石下內凹縫中有棲青蜒螺（黑鐘螺）。兩種螺肉都味鮮好呷，而內層淺灘林立的海石間多種的小海螺也都族群類聚，絕少參雜。有魚舟蜒螺、玉女蜒螺與粗紋蜒螺、結螺以及草蓆鐘螺、芝麻螺等，大都有苦味，少人食之。

土地公前澳啊，第二個潮間帶較小。位於臭油棧木造的兵啊營房西北邊約四五公尺高的駁崁下方，縱深只三四公尺的沙灘，寬度比十餘公尺的駁崁稍長。面對海澳口的潮間帶左岸是一有十公尺長深丈餘離海床約四五公尺高的巨大礁石岩岸，岸頭頂有排雜木菅尾林，林下秋始有文殊蘭叢群會開著有白色花序的美麗花朵。巨石礁壁有數條裂縫，在秋冬季節下方近海水處，縫內棲息很多石鰡啊囝（小鱔魚仔），住於中社(8)東四角啊的蔡家老三添啊先生是鉤石鰡啊的箇中老手。工具只是一支米長一頭捲圓圈利手握，一頭鍛成尖鉤，粗鐵線做成的石鰡鉤啊和一條繩子。於午後浪靜退潮時候，用鐵鉤把藏於壁縫中的石鰡啊鉤出串於繩子上。入冬後，海鮮較少，每於初一十五(9)「犒軍拜門口」，蔡家的椅條頂祭拜菜餚中常見一碗紅配綠的石鰡啊炒韭菜這道佳餚。（小鱔魚煮熟會變紅色）

左岸這一巨石礁下層被海浪淘成一排巖洞，離礁壁約公尺遠的海中立有一丈高圓型獨立礁石。巖洞與礁石下周圍海床上都屬原生海石，因此產有野生九孔。由於海浪由正北的澳口翻滾而來，沖擊力道不小。把巨礁岸前頭侵蝕成多處如浴缸狀的凹坑。海浪再沿著礁壁橫掃進來，至使這一岸下海生環境活潑，也是磯釣的好所在。

潮間帶右岸前段，底層礁臺上斜插著兩三片呈V型的蚌貝狀岩石板塊，從此要下到灘上並不容易。

上：青捆歷啊
下：青衫啊

反而是從對岸巨石礁岩頂內層順勢而下較為好走。石岸外半段是堆大石頭岸，一看便知是人為推聚的。而從駁崁底灘下沿至此大石頭堆週岸下海床沙泥上的海石，大都是從岸上拋丟下來的岩石塊，這些不是原礁石的石頭，切面平整而不會長海藻，岩表裹層泥苔而已。所以這線岸下沒有礁魚。只有風雨浪天少數海魚游來覓食岸上沖下的有機雜碎。大石堆右轉至土地公山腳，內段是以土地公山山裙岩為岸，約有丈高，從（附註）臭油棧駁崁右岸頭至此呈一L型岸線，岸上是條小步道，可通達土地公廟左。步道上方是一大片受

墾的坦地（現國校處）種有蕃薯，而臭油棧古早稱蕃啊寮加上無主的有應公靈骨小祠，和歷記最早出現於野柳岬的是巴賽族原住民，以及L型岸下海床上的新舊被拋落的石頭。因而猜想這片坦地是野柳岬最早開發的地方。

大石堆右轉岸下方，有一縱深約三四公尺寬，六七公尺長，約公尺高的海蝕礁岩平臺，常潮沒於水面下，退潮時暴露出來。每年冬末春始，礁表好發海冬青（石蓴藻）。上面會爬滿（10）海蟑螂，俗稱「海蝍蛆（ㄏㄞˋㄍㄚˊㄓㄨㄚˇ）」於海青蘚苔孢子為食。五十年代之前的野柳岬區礁岸上，海蝍蛆不計

其數的到處跑，而於土地公前和龜頭骿最多，在石蓴生長期也是海蟑螂繁殖高峰。海蟑螂是群居動物。少見有落單者。而且繁殖快速，背部中有細微藍色斑點的母蟑螂懷孕時，體型慢慢變胖，並由褐色殼緣向內遂漸變成有亮光的金黃色。此時將它翻面，其腹部圓凸，包層透明薄膜，裡面擠滿密密麻麻針尖頭般大小的蟑螂寶寶仔。等到母蟑螂體殼變成黃褐色時再翻看，其腹部薄膜已裂開，一垛似牙籤頭般不停蠕動的蟑螂仔緊依母腹上，只稍抖動就會掉離母腹，它們已達脫離母體回海裡去成長的時候了。當小蟑螂全脫離母體後，母蟑螂形體枯槁，外殼轉變呈灰白色，將母愛發揮淋漓盡至後，不久礁岩臺上只見其空殼而已。憶及它大腹便便、行動緩鈍的模樣，感母愛之偉大。

土地公前第三處潮間帶，就於土地公山山頂下的崖底步道下方，是一灰細海沙灘，約廿幾公尺寬的灘頂與步道之間，橫著一排約丈高的菅尾叢，等同沙埔寬度，退潮時沙灘全曝出，縱深約有六七公尺，常潮只剩不到公尺的灘底而已。此灘下海床間的外來海石應都是土地公山西南岩壁崩

落的山石。海沙埔右岸是土地公廟座下高礁臺內段礁裙，因此形成ㄇ字型的潮間帶沙埔，除退潮時有人下去在光滑的海石表上剔蚾啊外，少有人至。「蚾啊（ㄆㄧㄚ、，花笠螺）。野柳岬岸海水清氣平滑的灘間礁石與礁岸表上飛沫帶間生有薄層苔衣，每年農曆十至十二月是花笠螺的多產期，逢退潮時候，花笠螺會遊移在礁表上覓食蘚苔。野柳岬區產有多種青螺類的蚾啊。卻有半數因肉味苦而不可食。如黑笠螺、鵝足青螺與多邊形笠螺等。可食的有花笠螺和紫菜產期末的紫菜蚾啊（花青螺）。此兩種笠螺於岬二區以外較多產，捉花笠螺很容易，拿支粗鐵線打造成似一字形螺絲起子狀的蚾啊剔。一個挽紫菜用的竹籃。等退潮時，把用肉盤遊走於礁表的蚾啊剔下即可。

蚾啊剔回來時，用清水稍加浸洗去沙，燒一鼎滾水，把蚾啊置於飯笠內入水汆燙一下即可，注意的是汆燙時間要拿捏得準，太快，螺肉薄膜尚未完全脫離螺殼而無好嚙。如過頭會使螺肉脫殼，不但肉質變硬，減少鮮甘味，更欠缺了嚙蚾啊的樂趣(13)。

汆燙後的花笠螺，置盆內，加注醬

油、酒、大蒜碎和少許糖，浸泡約半個小時即可食用。此法謂醃蚸啊，醃好的蚸啊比醃蜊啊（醃蜆）擱咔好呷。不會臭臊而鮮甘味美，是酙酒甲配蕃薯糜耶上等海味。

土地公山西崖下高礁臺的土地公廟啊，建於何年何月已不可考，只是不知祖先為何要把廟建在離村社佫遠的礁岸上。廟內的土地公伯啊顯得形單影孤，據傳早年的土地公廟都只供奉土地公，而少有土地婆者。原因

文殊蘭

是土地婆無量擱小氣，村俗流傳典事說，古早土地公原本是烏托邦理想主義者，主張均富，不得有貧富差距的，但土地婆卻堅決反對，跟老公說，如無貧富之別，那有誰願來幫我扛轎，而土地公伯啊，勿知是驚某或是疼老婆，只得順其意而作罷。所以人們講伊歹心，才無愛奉祀伊。佳哉土地公廟啊礁臺的岸上岸下，產多種時季海產物，每年農曆二三月除了釣魚人而咔無人以外，其餘時日都會有村人來此進行各種撈取海產物的活動，甲土地公伯啊作伴。

秋旬始東北季風有增無減，稍有風浪，礁臺北岸外海魚會迴游到海溝渠內與廟前礁臺下避浪覓食藻碎，此時常有村人來礁岸磯釣，上鈎的較大尾海魚，有五線豆娘（魁扇婆啊）、烏毛啊魚（瓜子鱲）、白粍（天竺舵魚）、開旗啊〈蘭勃舵魚〉，偶爾也有大尾郭啊魚上鈎。此時期釣餌大都捉現成的海蟑螂，選身如瓜子般大小的海蟑螂最為適當，殘忍的把海蟑螂從頭部反鈎入，露出七對蠕動的細腳，吸引掠食性強的海魚上鈎。

土地公前澳啊，雖然面積不大，卻多面向。不論岸上岸下，春夏秋冬都有不同生態的呈現。其西北邊礁岸外的航道下，有璀璨瑰麗不同種類的活珊瑚礁族群，而海生物種也相當活躍。尤其是夏季，成群結隊的小海魚群，有火金姑啊（藍雀鯛），有豆娘仔俗稱魁扇婆啊団和茄苳啊魚（臭肚啊魚仔）群等好不熱鬧。

礁臺上有野柳岬區最長、寬而深，歷經千百萬年海水切割而成的笮白條啊石海蝕溝渠，其對岸大石骿岸下有春末長成的大片草栖海與海生百態的潮池，在在都顯而易見。更可貴的是小小海澳竟然有三處不同面向的潮間帶。而且藻類、魚蝦、螺貝、蟹蟳生機蓬勃。在童年的記憶裡，土地公前澳啊就像是個無所不有、取之不竭的寶庫。

不管是有備而來或是隨意進場，都觀之有樣相而取之有物。少時，常於午後在潮池釣畢將回時，獨坐於乾淨的大石骿頂觀望漁舟出海。野柳岇山頂暮色灑落水面，一片昳麗，漁家幾許炊煙輕嫋，甯靜中，只聞節奏分明的木槳盪漾聲，伴著土地公山的洄音，目送著熟悉又親切的船隻人影逐漸漂遠，雖不

懂說愁，心情卻也悠悠，亦寄祈望。

註：

(1)「單面山」：野柳岬山頭都是由西北向東南作二十度傾斜。海岬中軸由小單面山始。

(2)「醫生魚」：裂唇魚。屬龍頭魚科。冒充者三帶盾齒鰤魚是鰤魚科。根本搭不上關係，可是相似度極高，但後者不論是體色和游泳姿態卻喜模仿真者，於海裡很難分辨。

(3)「三界娘啊」：討海人謔稱魚小尾為「三界娘啊」。村諺謂「海底無魚三界娘啊為王」。意即小鬼當家。或無大材而小材出頭之意。

(4)「螁蜞咬嚙」：臺語謂水蛭為螁蜞，

(5)「潮池」：潮間帶在退潮時，曝出的海蝕窪地，內有海水。

(6)「鑿洞立椿」：焚寄網海法時代，由於晉網大領，而缺坦地曝曬魚網，只得於大石棚臺上鑿岩洞插上木椿，椽上粗竹竿來曝網。

(7)「上潮帶」：礁岸下潮水滿足點謂上潮帶，其上海平面海水觸礁點謂飛沫帶。再下為中潮帶。海床謂潮下帶或下潮帶而永不曝出。

(8)「東四角啊」：野柳中社最東有口四角形型古井，可能因此而得名。

(9)「犒軍拜門口」：農曆初一、十五日，按俗漁家大都會煮幾碗較好的菜色。於晏吨（晚餐）前，擺在門口埕的椅條（一ㄅ一ㄠˇ）頂，向外焚香祭拜。用於犒賞廟內出來巡邏的兵將。香枝要插在簡易香爐中。各地作法一樣，說法不一，有謂犒軍。有稱拜門口者。而開店做生意者拜初二、十六日俗稱「做牙」，主拜好兄弟。要把香枝點燃插於每碗菜餚上，祈勿搗蛋卻能引來客人交關，而椅條（一ㄅ一ㄠˇ）是長板凳，早年餐桌大都四角型，四面各擺一張。而做牙和拜門口，只能煮（白米飯）祭拜。記得要打開鍋蓋。

(10)「海蟑螂」：俗稱海蜊蛆（ㄏㄞˋㄍㄚˊㄓㄨㄚˇ）。身體扁平，屬「等腳目甲殼類動物」。長有兩對觸角，細肢七對呈淡棕色。身軀為黑褐色，背上有多淺色細點。於礁岩上的海青

蘇苔孢子為食。冬季也食礁岸上草叢下的有機屑碎。雖已適應陸地生活，卻可爬入水中避敵，但是在繁殖產卵期，仍要回到海裡去，因為牠們的幼生發育階段，仍然必須在海水中進行之故。捕捉海蟑螂很容易，盛產期隨便用手掌在爬滿海蟑螂的礁表上一掃，掌中就有一堆。再就是把爬滿海蟑螂的海石，抱於臉盆上方，用手往下，可把其掃落於內。冬季海蟑螂變大量少，大部分時間都棲岸岩細縫中，拔下一片文殊蘭葉，插入縫中，一頭置於臉盆裡，拿一樹枝從縫上順下趕，他會隨著葉溝落入盆內。土地公前海澳，海床多礁石，水深潮流穩定藻豐，礁岩岸壁，石堆多空隙，而且潮間帶灘頂，岸頂多草叢，水溫暖和，在在都提供給海蟑螂優生的環境。海蟑螂是海岸線上下無汙染有清氣環境加藻豐的表徵。現在的野柳岬除龜頭尾海蝕平臺上還可見到較多的海蟑螂外，可數量比五十年代之前可能只剩下不到百分之一而已。

附註：「臭油棧」：日本人留下來全是用臺灣檜木造營房，旁有一磚造小屋，可能是用於儲存煤油，俗稱臭油而得名。開放觀光初期還在，其木材全用松欏（臺灣檜木）所以保存完好，不會腐爛。

「餉笠」：早年缺米，漁村人家平常時攏是煮糜（稀飯、粥）咔稀（ㄐㄧㄝˇ）。但為了孝敬老輩與粗重工作者以及學子餉包（帶便當）或是初一十五犒軍拜門口，用枝竹或鋁製倒笠形多細孔加枝長柄的杓

土地公前澳啊油棧

居四十年之野柳鄉土地公前 林献進2012.3 No.13

撙象耳啊

子，俗稱餰笠。在大鼎稀飯於未成糜之前將米粒撈起成乾飯，俗謂眾餰。但經濟較好人家，吃白飯都採現今的電鍋煮法，是謂燜餰。

「噬坡啊」：花笠螺入滾水汆燙，時間要拿捏得準，不能使肉脫離螺殼，帶殼的花笠螺放入嘴裡，擺於門牙後面，肉向下，用舌尖把肉鉤下，此法俗稱「噬坡啊」。而半生不熟的坡啊肉才有特殊的鮮甘味。野柳岬區產有多種青螺類的笠螺。但只花笠螺與紫菜產期末的較小粒紫菜坡啊（花青螺）可食。其他如尖笠形黑笠螺、鵝足青螺和殼面有星條紋的多邊形笠螺因味苦不可食。笠螺中只花笠螺螺殼是圓扁形的。

第十一章　土地公前

之一：土地公前頭毛菜、紫菜
（ㄊㄡˊ．ㄇㄠˇ）（ㄗˇ）

　　每年秋始，東北風漸，稍起季風就會有浪。而整個野柳岬區岸下，很多物種開始休養生息，準備過冬，但岬岸上卻正在醞（ㄩㄣˋ）育多

種有經濟價值的紅藻類。隨著秋深，東北季風引發的長浪不時沖激著岸礁，礁岩表層受海水不停地潑灑浸潤之下，開始滋生出一種比髮絲還要細的「頭毛菜」（髮菜），於中秋後即可採拔。（據村人林源莊先生

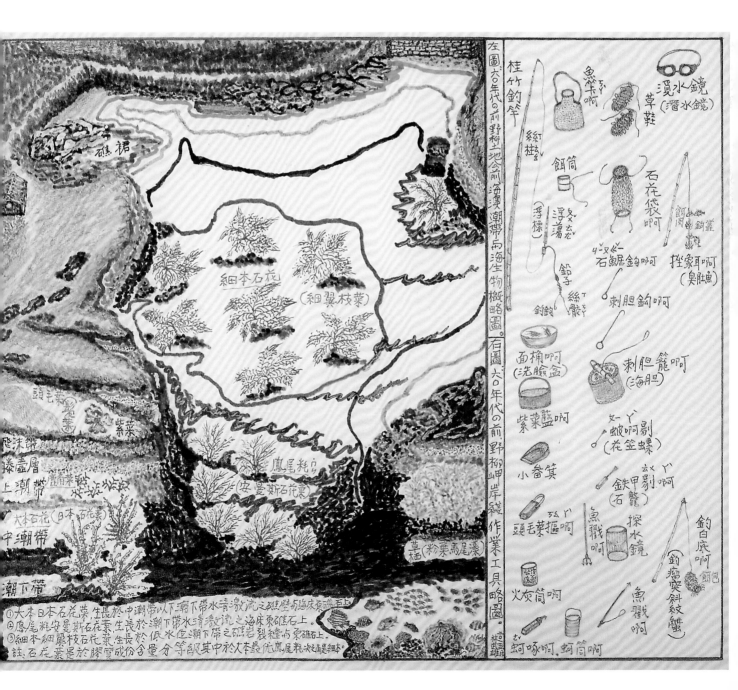

口述，小時候有過在關鬼門日就有髮菜可供祭拜之紀錄）。而土地公廟右，有光滑岩表的笈白條啊石也是野柳岬區頭毛紫菜的豐產礁岸之一。

由於在產期即使不生髮菜的礁岩表也舖層滑溜的蘚苔。因此(1)「海女」在「摳頭毛菜」和「挽紫菜」時必須腳登(2)草鞋防滑，而且工作都是非常之辛苦的。採髮菜有二法，一是用刮的，謂之「摳頭毛菜」，此法大都用於風浪或雨天，海女穿著草鞋，手提一竹籃子，加上一個嘴緣用鐵皮包住的(3)小型竹畚箕，以及一支五六吋支短角木，一端用一段舊式時鐘發條鋼片，彎成拱圓釘於角木上，餘段全用布纏包住以利手握，俗稱頭毛菜摳啊（ㄊㄠˊ·ㄇ ㄟㄞˋ·ㄎㄠ ㄚˋ）或紫菜摳啊。海女們刮髮菜時，蹲跪在礁岩表上，一手拿著小畚箕貼在生長髮菜的礁表上，一手握頭毛菜摳啊，把頭毛菜往小畚箕內刮，然後倒進竹籃裡。如果遇有風浪天，還得邊工作邊注意海面來浪，由浪股高低判斷來浪之大小；如大浪就得趕緊「走湧（ㄓㄠˋ ㄧㄥˋ）」走避較高處。視來浪不大就採落地生根姿勢，等海浪盈過礁岩再繼續工作，

有時候判斷有誤就會被浪花潑成落湯雞，即使如此，海女大都會忍住風寒至漲潮時才收工。而且礙於方便工作，海女大多不穿雨衣任憑浪花或雨之凌虐，其艱辛可見一般。

採髮菜尚有一法，俗稱「搓頭毛菜（·ㄕㄛ ㄊㄠˊ ㄇ ㄞˋ）」，終會碰上有冬陽或陰天風平浪靜的日子。海女只要穿上草鞋提支竹籃就可上工。由於岩表乾燥，髮菜失去水份，所以只要用手掌心，在礁岩表上來回搓揉，即可把髮菜搓起，成為像蛋捲一樣的髮菜捲，不過這種輕鬆的日子不可長久，三兩天即可，不然搓時把髮菜連根拔除，礁表如不趕快再受寒雨或海水潑灑滋潤，後果嚴重。會因長不出髮菜，而使產量大減。所以天候是頭毛紫菜成長的重要因素。

髮菜刮回之後全泡在清水桶內浸去泥沙，再用大面桶或水桶盛八分滿清水。把適量的髮菜捧入小圓形竹篩子中，沈入水裡輕晃使髮菜集成圓盤狀，才輕輕捧起，等水份稍乾，即撕起成一張頭毛菜餅後，把它一片片的晾於竹篙頂，讓其風乾或有冬陽曝乾，就可出售。如果是搓揉採得的髮菜捲，當天就有人收購。不過，頭毛菜、紫菜是視乾

燥程度定價位的。

　　髮菜生長期約兩個多月，到農曆十月後，礁岸上轉為生長出一蕊蕊如茉莉花狀的紫菜（皺皮紫菜）。海女採紫菜時，要多準備一鐵罐的「火灰（ㄏㄟˋ˙ㄏㄨ）」（傳統大灶底下的灰燼），如果紫菜生長於光滑礁表上，就如同刮髮菜一樣，俗稱「摳紫菜」，如果長在坑坑洞洞的礁岩表，因紫菜蕊濕滑就得把火灰灑在紫菜叢蕊上防滑再用食拇指拈捏，俗謂「捻紫菜」或稱「挽紫菜」。由於愈深冬，岬區季風浪愈洶湧，又紫菜有一定的生長期限，雖然有時候岬岸下並不平靜，加之寒風刺骨，海女還是得上工，所以採拔紫菜比採頭毛葉擱咔艱苦。

　　紫菜採收之後，如果是用刮的會有裂葉，也會夾帶少許髮菜，因此可依髮菜處理方式作成「紫菜餅（ㄐㄔㄞˋㄆㄧㄚˋ）」，晾乾後售給盤商。而用手捏的紫菜少泥沙，用清水洗泡一下，就可披於（4）大簸笟底晾曬乾，手拈紫菜價位較好。民國四十年代，我們家專門收購頭毛紫菜，也常有外來搜購者。家母除了多數交與臺北大盤商之外，還酌量留下用（5）粿袋啊（ㄍㄨㄟˋ˙ㄅㄝㄚˋ），揹往新竹獅頭山，

零售給寺廟僧尼，據母述，雖然很受出家人喜歡，但非都買得起，只有住持與少數有錢的出家人才捨得吃，這也難怪，在那種年代，即使是產地的野柳漁家也不是都捨得吃食的。

　　紫菜產期，自農曆十二月以後，產量即慢慢縮減。而礁表上，也開始冒出小叢蕊的海青菜（礁膜）。待礁膜叢蕊變大蕊而佔滿礁表時，紫菜就會消失不見。這時候的野柳岬區海岸上，也全換上新裝，潮間帶的礁岩平臺上，礁石、礁裙表上處處青翠，於凜凜海風中，顯露出一片欣欣向榮之象，即知春到了。

　　野柳岬產頭毛紫菜的地方野柳爿（港西）隧道西北面出口右外下方的礁岸。野柳爿山尾下方沿出的礁岩平臺平骿啊尾。土地公前笁白條啊石礁臺。土地公山北角下的石乳（燭臺石）延外的蕃啊石角整片礁臺。仙女鞋群礁上、豆干豆啊（豆腐岩）至岬北崖下礁岸礁石上。龜頭山東南邊下野柳岬最大的龜頭骿頂亦稱跋死牛骿，此礁臺產量最豐，而東澳社、駱駝岩延出的礁臺亦有生產。現在的野柳岬頭毛紫菜的產量可能已不到早年的千分之幾了。

註：

(1)「海女」：引自1960年代日片「海女」或「赤の褲」（臺譯）。此後 1965、1966、1967 年臺灣連繼都有於「海女……」之影片推出。

(2)「草鞋」：用乾稻草編製的平底鞋。鞋底兩邊緣，編有多個小草環圈。鞋板後端編有一凸出的小板塊，上結一條草索鞋帶，盤穿於腳後跟與腳背上，此種草鞋有防滑作用，適用於山間粗工和海岸工作者，早年亦是傳統葬儀上，一群孝男孝女和抬棺者不可或缺的用鞋。

(3)「小型竹畚箕」：特別用鐵皮包住畚箕口緣，以利貼附礁表，讓頭毛紫菜能全數滑進畚箕內。

(4)「大簸箶」：用竹篾片編制的米寬，圓形盤狀淺篩子。約兩寸深。圓周邊用竹條箍住。早時用來按粿（ㄋㄨㄚˋ ㄍㄨㄟˋ）與搓圓啊（·ㄕㄛ ㄧ ㄚˋ）或曝曬各種海產物。也是農家必備的用具。

(5)「粿袋啊（ㄍㄨㄟˋ ㄉㄞ ·ㄉㄝ ㄚˋ）」：年節作粿，必先把浸泡過的米磨成米漿，碾磨時，結在石磨出漿口上，承接米漿用的白粗布袋，早年都用於揹負各種農產品和零碎日用品的揹袋。

據說：頭毛紫菜是出家人最好的蛋白質加鈣的最佳來源，價位比產地的盤價要貴上許多。

海蟑螂族群

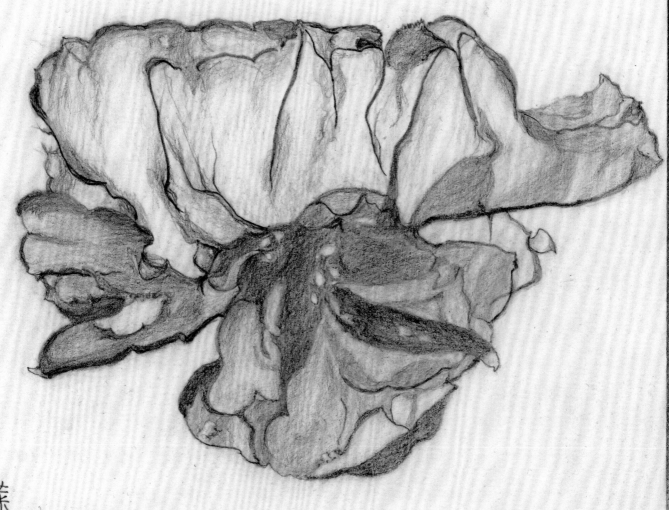

紫菜

頭毛菜 (髮菜)

第十一章 土地公前

之二：土地公前石花菜
（ㄐㄧㄡ˙ㄏㄨ˙ㄘㄞ）

　　每年農曆五月後，野柳岬海域岸線下在水深一至十公尺深的低潮帶礁壁上，潮下帶的海床礁石間開始生長屬紅藻類的石花菜，而土地公前海澳區是岬域較淺現的石花菜產區。

　　石花菜有三品種，也分三等級，一等級而價高俗稱大本石花（日本石花菜）。其藻體紫紅色，基部為分枝形狀的固著器，硬軟骨質、扁壓寬帶狀，葉片直徑 0.3-0.6 公分，兩緣薄扁中間厚而成中肋骨形狀，並成不規則羽狀分枝。其膠質含量濃稠，熬出的汁液結凍後色澤成玉白中些為翠綠色，顯得晶瑩剔透，口感綿細軟 Q。

　　二等級價次的安曼斯石花菜，俗稱鳳尾粍（˙ㄈㄥㄇㄟˋ˙ㄇㄣ），其藻體紫紅，軟骨質直立叢生，高約 10-30 公分。其直立枝為扁壓細現狀（似香菜芫荽，ㄩㄢˇ˙ㄙㄨㄟ），熬出石花凍色澤與大本石花相近，只是濃稠度較差。

　　三等級俗謂細本啊石花的細翼枝葉，藻體紫紅色叢生，軟骨質，高約 4-15 公分，主枝扁平，兩緣薄翼狀，分枝不規則對生，末端圓鈍，上面分枝葉較密，下部分枝葉疏。長枝葉越向上分岐越短而形成三角扁扇狀。（有一種紅藻類的海頭紅藻叢，常被誤判為細本石花）。細本啊石花菜是膠質含量最低者，熬煮出的汁液結凍後，色澤較不透明，液凍質也較硬而不 Q。（以上石花菜資料大部分引述黃淑芬小姐著作）。

　　土地公前海澳內常潮時水深不及丈，而退潮時也才有米深。因此所產的石花菜以細本啊居多，此種石花菜由於較不畏水濁水淺，因此連港區岸下礁石上都有其生長的空間，不過可確定的是三種石花菜都依其適水層次生長於（1）原始礁岩石表上。

　　盛夏是石花菜產期，於退潮時段會集來村內婦孺，在土地公前（2）「挽石花（ㄇㄢˋㄐㄧㄡˊ˙ㄏㄟ）」。不會游泳者，她們腰綁（3）石花袋啊，站於土地公廟前礁臺岸

野柳社具代表性海女

下的（4）潮池邊岸上，或立於淺灘間，彎腰低頭認真的採拔著生長在潮池底、池壁上與礁石上的細本石花。而會游泳的小孩子，腰上也綁個小型石花袋游移於海澳內各個角落，潛入水中去採拔石花菜。俗稱「湸石花（ㄇㄧˋ ㄐㄧㄡˊ ·ㄏㄟ，潛採石花菜）」。而較大的男女、孩童、有膽者也敢游至兩岸缺口海溝邊緣上和笁白條啊石海蝕溝渠內去潛採生長在較深處的二等級石花菜鳳尾粔（安曼斯）。至於生長在外岸礁臺壁上的一等級日本石花菜（大本

野柳岬最悍海女方彩雲小姐（石牛）

石花）就得由善泳的海女去採拔了。

前兩種石花菜都喜於生長在水深清澈有激流的礁壁上和暗礁岩上。只是其附著立基點，有差異，日本石花菜喜生長在礁臺岸壁與獨立礁石群的中潮帶礁壁上。而安曼斯則習於生長在潮下帶海床原始礁岩臺間和凸出海床的小礁石岩表。野柳岬從土地公山（大單面山）以外的龜岬全線岸下礁壁上、獨立礁石壁間、海蝕溝床中以及海澳潮間帶的第二層海水較深處，都有出產這兩種較高級石花菜，而又於岬北岸下、龜頭尾和龜頭骿的產量最豐厚。因此海女才會有（5）「初三十八流，野柳查某望龜頭」順口溜的傳頌。

雖然這兩種石花菜產於外岬水深的礁岸邊，不會游泳和潛水的海女還是利用退潮時段，用（6）踦山挽方式採拔。工作到漲潮有危險時候才願意收工。其實這踦山挽石花菜，是要有一把啊骹手加膽識的，她們都從十幾出頭就以這種方式遊走於龜岬岸線上下。至今在中社和後澳啊社尚有多位七十歲以上的老海女在從事踦山挽石花的工作。當然也包括挽頭毛葉和紫菜。令人驚嘆的是居住在東澳的一位阿祖級老海女，人尊「江啊嬸」。她年近九十，卻還老當益壯的勤走於岬區礁岸上下，採拔各種時季海菜，而且對於野柳龜的地形、地貌和地物，瞭若指掌，如數家珍。據她說，打從十幾廿歲，從山頂嫁到海垅啊後澳啊社夫家後，雖然恔曉洄水，卻就開始從事採拔岬區各種時季海菜。至今幾乎踏遍野柳龜岬的每一寸礁岸。她感嘆的說，現在所生產的海菜，甲咔早那會比得，一年到尾，只無閑幾工啊，有夠輕鬆。請問她幾十年落來耶海邊啊操勞，又攏恔曉游泳，感不覺得危險擱艱苦？她淡淡的回答慣習就好。

另種用俗謂「湠石花」（潛採）方式的海女，她們在盛夏石花菜產季是不分漲退潮的，只是於退潮時段進行潛採比較輕鬆。在漲常潮時「湠石花」就真食力，不但水深，有時候海面看似平靜，但因海床的落差與礁石的阻流，往往產生強勁迴旋暗流，而海女腰間掰著鼓鼓的石花袋啊潛入潛出，重力加拉力，其艱難程度可想而知，因此潛拔石花菜的海女，都必具備強壯體魄，一流的泳技更須有夠大的肺活量。有時候一岸區只有一兩位甚或單獨在進行潛採工作，所以更要膽識過人。

鳳尾髻(安曼斯石花菜)

大本石花(日本石花菜)

小本石花(細翼枝菜)

石花菜概略圖示

2018 4月林賦右繪 NO6A

五十年代之前，野柳社有眾多海女。記得是後澳啊社的海女較強悍，其中有位方彩雲小姐後來嫁到中社林家。她就很出色，據她說，從十二、三歲她就會「滬石花」和挽頭毛菜和紫菜。她說，野柳岬海域到處都有生長石花菜，而她喜歡獨來獨往，整個野柳岬岸上岸下可說無處不於。在石花菜盛產期，還遠征至基隆木山澳啊，基隆港外海的基隆圪（嶼）礁岸下去潛採石花菜。誇張的是連身懷六甲，旬月待產，也還下海去滬石花，又因屬牛，至得石牛之封號。她笑著說，七十歲之前，還常瞞著兒女偷跑去滬石花。近年來因兒孫看得緊絕不讓她再下海裡去，才收山。問她近甲子的與海搏鬥，何以養身？她靦腆地笑著說「那有啥物養身，達擺挽煞轉來，身軀(7)沖沖只咧（ㄑㄧㄤ ㄑㄧㄤ ㄐ ㄌㄝˋ），就坐落來飲一杯啊燒酒按呢咧仍（·ㄢ ·ㄋㄝ ㄅㄝˋ ㄋㄧㄚˋ）。」（這樣而已）。

海女採回石花菜以後，讓之不在滴水的範圍之下，即可交售給盤商。我們家在四十年代之前，是野柳社唯一的收購者，我們把石花菜曬至全乾，分類裝入麻袋，雇「拖拉庫」（貨運卡車）載運到臺北市

九號水門入口前的甘谷街上掛有「╳╳株式會社」的大盤商去交貨。據說，她們把蒐購來的石花菜用「火船」（輪船）載往日本，經過工廠提煉成銀白色的薄片結晶體。阮老姆謂之「菜燕」。出社會後，聽過外省人稱之「洋菜」。當時市面亦有售，只是價錢不菲。

資料記述，石花菜結晶體可供紡織業與食品加工業做為原料添加劑，或澱粉代用品，以及釀酒用澄清劑。而當時也只日本有提煉工廠，應是與日人喜飲清酒或民間喜釀各種白色(8)地酒有關。

現在野柳尚有村民喜於盛夏炎熱天氣時自家「滾石花」吃食。老祖母有諭，石花清涼不寒，是潤肺上品可解心肝火。不過熬煮石花菜有點費功夫。石花菜採回用淡水沖洗後，披散在淺竹簏中，擱於(9)後尾間啊厝頂，任其風吹露凍、日曝、雨淋，如無雨天要早晚潑清水，直到石花菜完全被漂成微黃灰白色。（現有成貨，色澤偏黃，漂法不知。）乾燥後無味，可存經年。要熬時，酌量稍洗，入鍋後，清水蓋過其上多點。大火煮滾，轉溫火慢熬約兩小時，至湯汁會沾黏手指，濃稠度可用開水調適。待稍涼，用紗

布瀘去雜質，分倒入定形器皿內，放入冰箱冷藏，更易成凍。小時候吃父親作的杏仁石花凍尚好呷。法度是杏仁粉用冷開水調攪均勻後，再慢慢倒入加過糖的溫熱石花汁液中，邊倒邊攪至均勻，即分裝於飯碗待涼成乳白色凍，冰後更是去暑聖品。

註：

(1) 也許是原始礁石表堅硬可立基，外來如風化岩石，岩表不實難於附著之故？

(2) 採拔石花菜，俗謂：挽石花（ㄇㄢˋ ㄐㄧㄡˊ ㄏㄟ）

(3)「石花袋啊（ㄐㄧㄡˊ ㄏㄟ ㄅㄧㄝˇ ㄚˋ）」：裝石花菜的袋子，用棉線編製的網袋，袋口結一手可伸入之竹條編成圓圈口，袋底端網目，用一繩索串穿打成活結，鬆開時，石花菜從此洩出。石花袋有大人用小孩用之分。

(4)「潮池」：海床溶蝕坑洞，退潮時才暴露出來。

(5) 農曆初三、十八兩天是大潮，退潮遠，時間長，可多採石花菜。

(6)「蹄山挽（ㄅㄧㄚˊ ㄙㄨㄢ ㄇㄢˋ）」不會游泳者站立礁石邊潮池邊，採拔石花菜的俚稱。

(7)「沖沖只咧」：用清水沖洗身體。

(8)「地酒」：可能是日本每地個別釀製的地方特色清酒。

(9)「後尾間啊頂（ㄠ ㄇㄟˋ ㄍㄧㄥ ㄚ ㄅㄧㄥˋ）」：傳統家厝屋邊或屋後放置雜物兼廁所或豬舍的矮屋子頂。

附註：由於夏季礁表乾燥，拔採石花菜時，有穿草鞋，也有不穿者。
附註：後澳社老海女江啊嬸享年九十三歲。

下：石鮔啊囝

第十一章 土地公前

之三：土地公前硓砧花

活珊瑚礁岩，村俗稱硓砧花。五十年代之前的野柳岬周遭岸下海域潮下帶海床上，處處都能有見硓砧花區塊。而從碼頭啊尾甲廟口埕硓砧尾間的港口，到土地公山西北崖下的土地公後（據村人蔡政鴻先生述，此處有似小圓桌般的豬耳朵活珊瑚區塊。）這線土地公前外圍礁岸航道下海床，可說是珊瑚礁的快樂天地。而此線海底，早年曾有(1)海底攝影師謝新曦先生留下了多幀美麗的海底生態影相。

野柳岬海域活珊瑚叢區，大致分佈於野柳卝山尾下方延伸的礁臺，平骿啊尾周遭的海底。王爺宮前左邊石乳（燭臺石）番啊石角礁臺和右前女王頭礁臺外岸下海底。新澳啊口、後澳啊山末端的(2)大壠尾（ㄅㄧㄥ ㄇㄟˋ）周邊岸下，後澳啊社右前駱駝岩（後澳啊人呼茶古石或紅水仙啊。）礁臺延伸出的獨立礁石，環至社區前方海面上的外礁啊礁群周邊潮下帶海床上。（此礁群左礁石如在中社的廟後山啊頂遠眺之有似鯨魚浮於海面，母親呼之為海翁礁啊，鯨魚臺語謂海翁，ㄏㄞˋ ㄤ。）也都有活珊瑚礁岩叢區塊。謝先生的攝影專輯裡，也佔有相當多幀東澳社外面海域海底美麗多彩的生態畫面。

有關野柳岬岸下海底的瑰麗生態影相，也常有出現於各種平面或影視媒體以及休閒雜誌的版面與畫面上。由此即可知，當年野柳岬區岸下的活珊瑚礁群生態環境，是多麼的豐富精彩。

不論是生長於水淺或水深處的各種類活珊瑚礁岩叢，要成長並非易事，它們要在不受汙染，不受干擾，而有清澈海水與陽光充足之海生環境下，花上五到十年的漫長時間，才能長成。而民國五十年代之前的野柳岬區海域，也真正具備有如此優質的海生環境。重要的是活珊瑚礁岩的榮枯，和海域的海生興衰，卻有絕對性的關係。

註：

(1) 謝新曦先生的攝影專輯「臺灣的海底奇觀」。1980 年 10 月出版。

(2) 大壠（ㄅㄧㄥˊ）尾：據後澳啊社九十高齡的海女江啊嬸說：中社人稱的後澳啊山或大石山。它們呼之為大樑山，其末端謂之大尾。於此表示高出的長山脊。又船隻的龍骨亦呼「大壠」。而臺語含隔開之意，也可能是「大樑」的臺語呼音。

第十二章 有應公廟啊、樹林啊、煙啊寮

土地公山（大單面山）南角斜坡下角落處，有間簡陋的磚瓦造(1)有應公啊廟，（現已改造在野柳風景區管理所後方馬路旁。）小廟內放置著數個裝遺骸的(2)金斗甕啊。於何年建置已不可考。猜想有可能是古早的原住民遺骨。而六十年代之前野柳岬呼蕃字開頭的地方不少：如有應公廟右前的臭油棧，原早謂蕃仔厝。廟後山啊（小單面山）東南面下的大片坦地謂之：蕃仔園。土地公山北角下礁臺，薑石群外礁岸稱：蕃啊石角。據說：遠在三四百年前，就有巴賽人原住民在野柳岬區活動了。而於未開發時的地形看，土地公山西南面的土地公前海澳東南面岸上最為閃風，又靠近海浪較為平靜的海澳而海生物也豐富易得，所以是較好的居住地點。而廟後山啊東南坡下的土地，也是野柳岬區最大片的坦地，其東北邊靠海處的大潮間帶上方又有一片樹

硓砧石

上：大冇（ㄆㄨㄚˋ）樹
下：雷公槍、姑婆葉

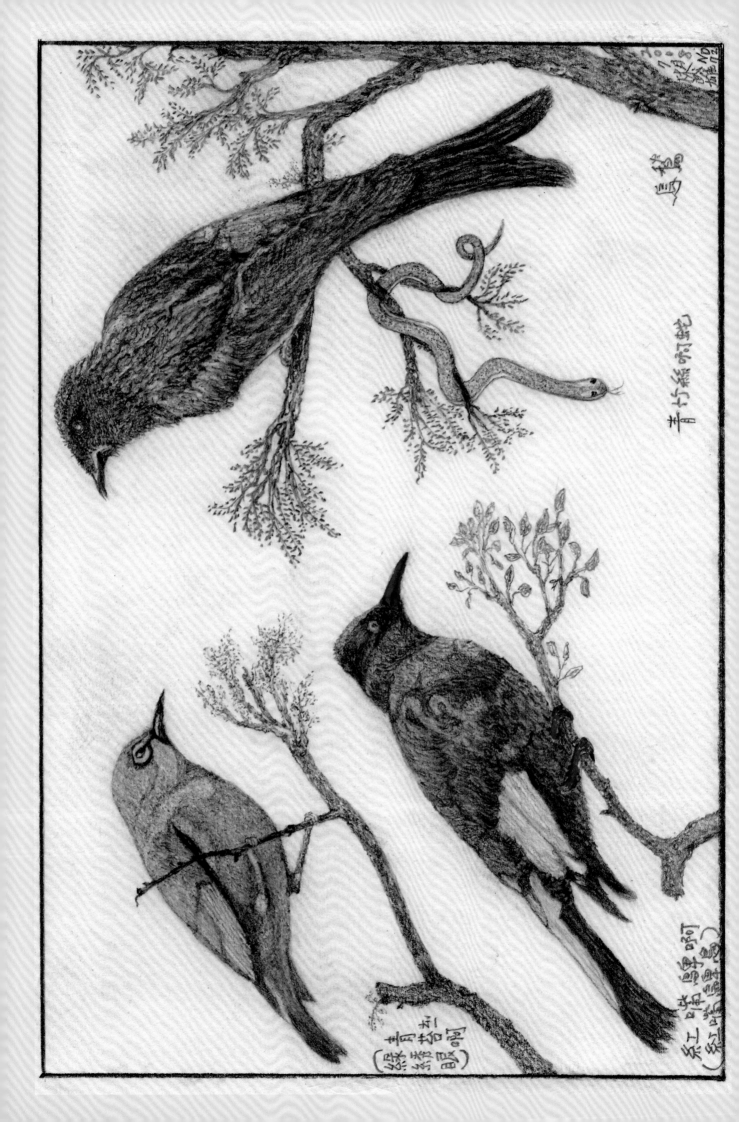

林可稍阻擋東北季海風，因此較適合種作。此種種，應是可印證巴賽人最先進住之說。走過小廟不遠，從右邊路旁林間穿過，有條小徑直通煙啊寮煮魚場，小路右上方是數塊圍著高聳相思樹的地瓜園。而路左前是一小塊園地，再過就是一方佔地近甲的濱海雜樹林。林相老大茂盛，近路邊大多是相思樹，林裡有臺灣榕樹、雀榕、大冇（ㄆㄚˋ）樹（稜果榕）和海桐等。林下參錯多種雜樹，其中一種樹幹梃真枝葉長於頂端似傘，其皮烏黑如炭，剝其皮，樹肉卻是黃色的不知名又少見的怪樹。臺灣其他地方可能尚有生長，可確定的是野柳岬區已不再見了。

光線不足的樹林裡，枯葉舖地，四處都長著姑婆芋叢和多種蕨類，樹上藤蔓攀爬，枝枒上寄棲如臺灣山蘇的蕨叢。此片樹林雖然範圍不廣，可是因林木高大，樹葉茂盛，透光不佳，加上林外灘間，浪聲澎湃，海風撼動樹枝枒的吱（ㄍㄧ）拐叫聲，本就有點悚然，加行進間還得注意藏於腐葉下的龜殼花蛇，更要提防頭殼頂蟠纏在相思樹枝上的青竹絲啊蛇，對著你吐信示威，看著實在是會起雞母皮（雞皮疙瘩）。

細漢時，若不是奉令去割姑婆葉回家蓋（3）罟笭（裝熟魚啊用）。辜不而（ㄌㄧˊ）終才不得不硬著頭皮進入。

樹林裡枯葉間，四處散佈著大如籃球，小如彈珠的冇浮石啊（ㄆㄚˋ ㄆㄨˊ ㄐㄧㄡ ㄚˋ，[皂石]，一種由海水泡沫所結成的輕漂浮石。）以早，村民都撿拾此種浮石，拿來擼鼎（ㄌㄨˋ ㄅㄧㄚˋ）。搓磨鍋底煙垢。比現之洗鼎粉擱咔好用。而在樹根歧錯的空縫隙間，和白化珊瑚礁岩叢坑坑洞洞中卻棲息著不知其數的「山寄生啊」（陸寄生蟹）。其寄生的螺殼雖沒有海寄生蟹多樣，可也奇特，如露螺殼寄生蟹，其呈紫色的大螯，有拇指般大。最奇的是連（4）寶螺空殼也拿去寄生。記得小時候，曾有過都市人，來收購山寄生啊一兩次。曾使林內俯拾即是的寄生蟹，遭受到空前危機。這片濱林也棲著不少鳥類，如紅嘴鶲啊、烏鶖、白頭骷啊（白頭翁）、（5）青苔啊鳥（ㄑㄧㄝ ㄊㄧ ㄚ ㄐㄧㄠˋ，綠繡眼）和暗公鳥等。而其外圍海灘上的海鳥，只於灘頭活動，很少入棲林內。

樹林東南邊盡頭，緊鄰著約百多坪全用紅磚起的煮煙啊魚寮（煮

鰹魚寮）。從林內邊小徑末端，可直入無門禁的磚牆門內。其右側是一排長方型無屋牆的煮魚場。場內每隔約兩公尺就設有一橫排大灶臺，每灶臺上放置著兩口米寬的大口銑鼎（生鐵鍋）。這種焚土炭（燒煤炭）的灶臺有三四排，魚場內也有水井，由此可見，早年魚盛期，寮裡工人忙著(6)燋煙啊魚（ㄕㄚˊ ㄧㄢ ㄚ ㄩˇ）的盛況。魚寮左邊工人工具房銜接著東角一棟水泥粉光的西式兩層樓的小洋房，向西的門口右，有棵大榕樹。工寮、煮魚場和洋樓中間形成一個小廣場，早期偏隅簡樸的漁村，如此景象，顯得有點豪華氣派。魚寮東南邊中間也是個無門禁的牆門，任人自由進出。走出牆門，即是大片白細海沙埔，左彎直下到海灘，右灘頂是陡峭的(7)石梯啊骹。灘下即是俗稱新澳啊的迷你小漁港，港堤大部分用石塊堆砌。東南邊港口堤外是大片硓砧石礁岩臺，中有條天然溝渠作為進出航道。退潮時候，礁臺外面是個不錯的磯釣地點。水清可見白沙礫底的小澳，就像個游泳池。

小澳屬魚寮卸漁獲專用，並不適合定泊船隻。林家的捕鰹魚場設置在(8)大骿尾近龜頭骿邊的海面上。他們用粗枝桂竹，構造一座下寬上窄的方形高臺，頂端是個用菅芒蓋的瞭望小平臺。面向西南。其基座是用大棵(9)毛箬竹與圓沈木的浮力使竹塔臺漂於海面上。基座用碇石沈落海底穩住。並用粗纜索縛結礁臺岸的水泥柱上。在瞭望臺前下方不遠處的海面上，設置一長方ㄇ字型定著網箱，其網口逆對岬尾進來的海流，坐待魚兒入網。這種構置，村俗稱之：煙啊罛（ㄧㄢ ㄚ ㄍㄛ）或煙啊筍（ㄧㄢ ㄚ ㄍㄡˇ）。

農曆四月始，成群的鰹魚，俗稱煙啊。隨著海流結隊由外海游到龜岬右側海域，追逐近岸小海魚群，他們盡情的搶食。嬉戲、產卵傳宗接代。興高采烈之餘，不知一舉一動已被虎視眈眈的監看著，前路陷阱正待其自投羅網。時機成熟塔臺上一聲令下，網口緊縮，魚群全被困於網箱內。舢舨隨即靠來，一邊拉近兩邊網壁，一邊用木棒敲打船緣板，發出的聲響，使魚群驚慌失措，而活蹦亂跳，因而失去向心力，才不致去撞破魚網。漁工撈完漁獲後，箱網恢復原狀，再整暇以待。

魚寮主人從屋頂平臺上，接到從塔臺傳來信號，知漁獲多寡，即

刻通知村婦趕來刉魚啊。當舢舨搆進小漁港內。漁工把魚簍子卸在港堤上，參與刉魚啊的人，每人佔取一簍，拿出砧板，先剖開魚肚，掏出內臟，平切下魚頭，去除隔鰓啊（魚頭兩邊腮幫子間，連接到魚腹的一塊三角形骨架子，其不但肉薄，表皮還充滿細鱗，而魚心就藏在三角內尖端處。此物就像雞肋，棄之可惜，食之無味。）把魚軀幹裝簍裡，由漁工搬去寮裡，煠熟後，待涼卻，才把魚軀幹兩面肉片整片剝下，裝排於眾笞裡，蓋上舊報紙或紅毛土紙，再用尾指粗的草索啊捆妥。結上印有名號的紙牌魚牽啊，才載運基隆崁啊頂漁行拍賣。五六十年代

之前這種俗稱：鹹卝，或煙啊卝的魚片（現在還有）。嗜之者眾。但於當時，其價位不俗，除了咔甘呷的饕者愛買之外，一般家庭大都逢初一十五犒軍、拜門口的日子，才捨得買幾片來祭拜。

參與刉魚者等到魚全殺完後，才去清理家己（自己）的所得物，包括魚頭、隔鰓啊、肝、肚、卵、魚啊膘（雄魚精囊）。這些就是他們辛苦工作的報酬。刉魚啊要站在海水裡以便利清洗血水。據林源莊先生說：後期也許是漁獲減少，或另有其因，本是從脛幹平切魚頭，改為倒三角切下魚頭，此作就少去了脛幹的一小塊魚肉。據說連一切報

左上：鰹（煙啊魚、煙管ㄚ）/左下：煙啊卝（ㄆㄧㄣˋ）、鹹卝
右上：隔鰓（ㄑㄧ）ㄚ、煙啊魚頭三角切 / 右下：煙啊膘、煙啊卵

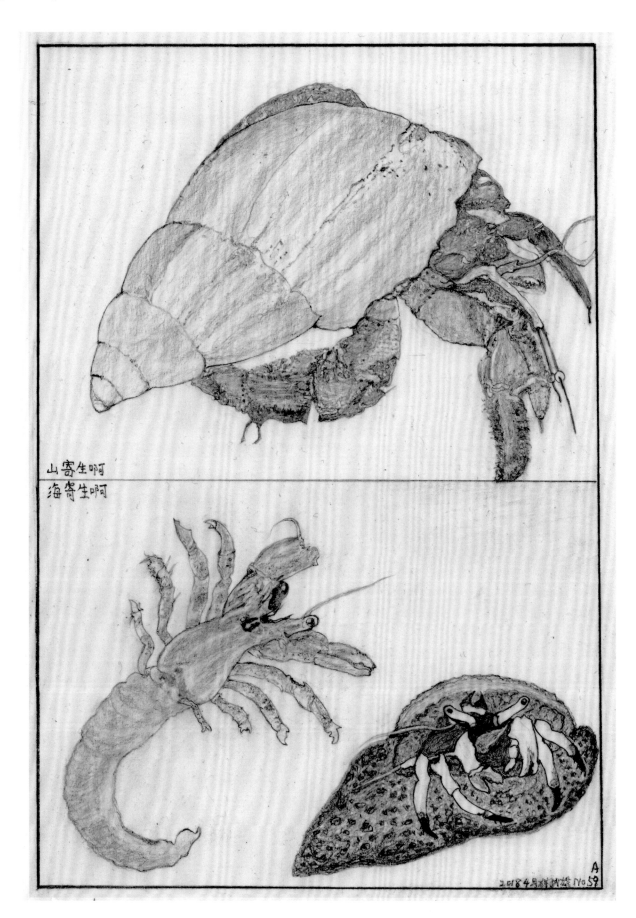

山寄生啊
海寄生啊

酬品都收去煠熟後一起販售，只得魚頭與隔鰓啊，可取之而已。

早年，由(10)親潮帶來的洄游魚類，如鰹魚、花輝（鯖魚）或烏魚等魚類，都有其固定的魚汛期，魚群也都能一路的到達想去的海域，因此只要是當季所捕獲的海魚，軀幹渾圓，達尾攏肥滋滋。只要產季到來，傳統市場魚販攤上，不時會出現豐腴的魚、肝、膘、卵，雖然價不菲，卻很受饕者之青睞。但自從捕魚船隻機械化，不論漁具、技術，日益精進發達之後，討海可說是無遠弗界。因此這些洄游魚類，佇伊(11)「肚臍屎都還未落」以前，就遭半途攔截，更趕盡殺絕的大小尾一網打盡。因而導致魚汛錯亂，過早就被捕獲的海魚，因未完全長成，其肝、膘、卵包薄如紙片，甚或全無。這也許是造成現今近海魚竭討攄無魚啊的窘境原因之一。

註：

(1)「有應公廟啊」：收留無主枯骨的小祠，大都建在墳場旁邊。如好意祭拜，可有求必應。

(2)「金斗甕啊」：存放土葬者，撿骨的骨罈。

(3)「罳笞」：早期漁家魚販專門用來裝煮熟後的鎖卷啊（烏賊）與小海魚，俗稱：熟魚啊的竹編約六七吋高米寬的矮竹簍子。

(4)「寶螺」：寶螺一字型的螺口，肉扁，而寄生寶螺的寄生蟹，蟹體也隨成為扁狀。

(5)「綠繡眼」：俗稱：青苔啊（ㄊㄧˇㄚˋ）。全身呈橄欖綠，身長七八公分，野柳岬區最小的鳥類，行動快速，活潑，整天穿梭於矮林間，其巢大多取材菅芒花的絮梗，作得細緻如小餐碗狀。此鳥自由自在慣了，由於太可愛小孩都想養牠。但都沒兩天就掛了。據說是咬舌而亡的。野柳岬此鳥佔多數，由於羽毛如礁石上的青苔，而得名：青苔啊。

(6)「煠煙啊魚」：煮鰹魚。凡是用清水煮魚的方式，都謂：煠（ㄕㄚˋ）。含燙之意。如：煠青菜等。

(7)「石梯啊骹」：開放觀光前，後澳啊山尚未被剷平，新澳啊灘頂海沙埔右靠山邊垂直崖壁上，鑿洞為梯，上方謂：石梯啊頭，下方謂：石梯啊骹。此石梯是東澳社海女往龜岬活動的必走之道。

(8)「大骿尾」：現之林添禎先生銅像座下的斜礁棚臺，俗稱大骿，而其末端呼：大骿尾。

(9)「毛箸竹」：臺灣最粗的竹子。可供作浮筒。竹排啊（竹筏）其葉可包粽子。

(10)「親潮」：洋流名稱。秋始，北極圈的寒冷海流，由鄂克次海南下東海至臺灣海峽。逼退由菲律賓上經臺灣東部與琉球群海域到日本的黑潮暖流而降低海水溫度，並給臺灣北部海域帶來掠食性強的季節型洄游海魚。

(11)「肚臍屎都還未落咧」：形容尚未成長完全的海魚。表示說似尚未脫盡肚臍坵的幼小嬰兒。

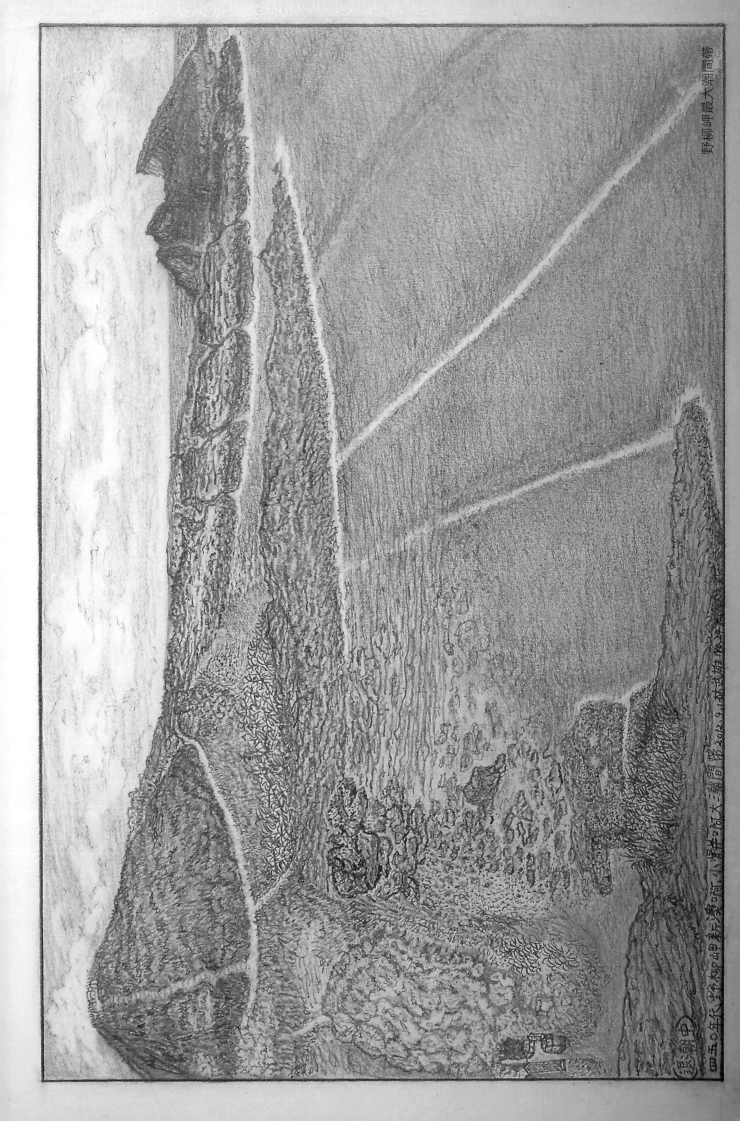

（張瑞甲）

野柳岬最大潮周帶

野柳岬最大潮周帶　小群魚群　河大潮周帶 2012.9.1森武雄 lu3い3ぬ

第十三章　新澳啊、小骿啊、潮間帶

　　從後澳啊山的石梯啊骹（現停車場和東澳港之間的交界處）和西北邊土地公山腳下的（1）小骿啊頭（現售票亭下方）。全長約百多公尺的海灘，是野柳岬區最寬大的潮間帶。而其灘頂、灘頭、灘下，也是最具有灘相看頭。灘頂靠魚寮邊是片海桐與木麻黃林相。濱海樹林外灘頂有排矮林投叢，再過去叢下的泥沙地上，長滿濱海植物如，濱剪刀股、馬鞍藤、濱豇豆、濱當歸、濱薊、茵陳高等。在長年海風吹侵下，卻能安然毅立。

　　新澳啊港灘頭到灘頂是大片乾淨的細海沙灘，港的東北邊外層是片硓砧石礁岩臺，港在石砌港堤外層是原礁石群，兩者把小石澳包住。退潮時礁臺潮池和外邊岸下，是很好的磯釣場。只是最外邊岸下是斷層海水深奧，小釣竿無法度到底釣到活珊瑚礁群上的海魚。與海沙埔鄰接的是白化珊瑚小碎粒灘，其上佈滿了青鋼石（鵝卵石）粒和小礁石。灘下不遠，有碤全潮間帶上唯一於常潮時，會曝出水面的獨立礁石，其周遭圍著大小的礁石潮池，在大礁石上用就地取材的寄生蟹肉為餌，向潮池內拋釣，立即引來小海魚群搶餌，只是難得會掉上一尾較大海魚，真可謂俗說的（2）「大尾怀呷釣，小尾蹌蹌蹴」，不過如於休閒態度，看得清楚魚群搶餌陣容的熱鬧氣氛，也是一大樂事。

　　過礁石灘與小骿頭礁臺裙之間，是一排斷裂的蜂巢石堆，如遇常潮要爬石堆上過，才得通行。石堆排後是一大片（3）菅啊園（蘆葦）。石堆灘下往外是一摺層岩平臺向外延伸約五六十公尺，佔整條小骿啊約三分之一長。岩平臺上舖層橄欖綠泥苔，粒石都無。石堆前不遠處有大小不一的裂洞潮池。想必古早是蜂巢石的立基處，斷裂後，被溶成坑洞。上段被海浪推上灘頭，野柳岬潮間帶的斜礁臺頭段礁裙上都有此現象，如於土地公前大石棚

硓砧礁臺

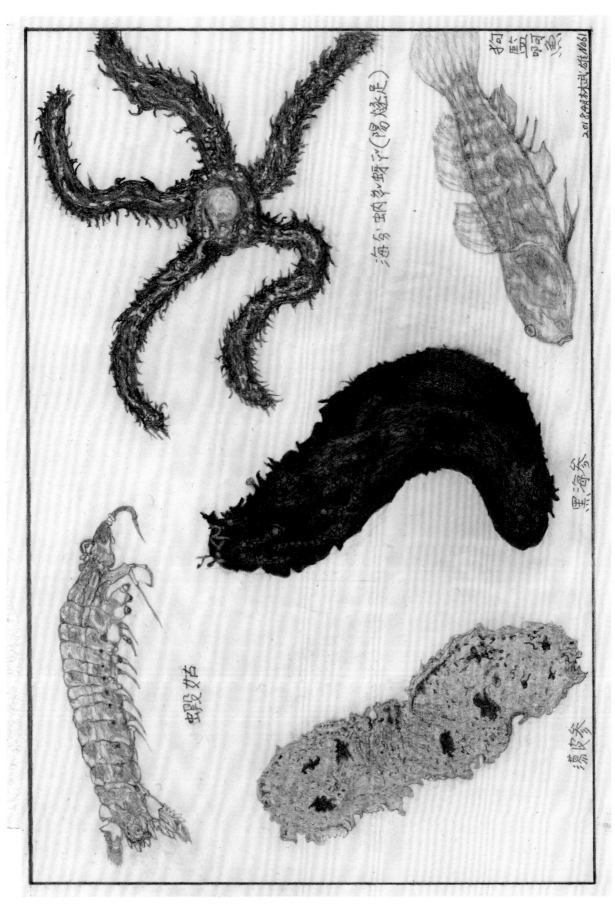

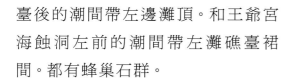

臺後的潮間帶左邊灘頂。和王爺宮海蝕洞左前的潮間帶左灘礁臺裙間。都有蜂巢石群。

這些個水不到尺深的細砂粒底的潮池裡，棲息著俗稱海羼屌海參群，有黑皮的蕩皮參。褐皮黑斑點的黑海參。以及不知名的短胖裹層泥沙的灰色海參。以早，潮間帶淺泥沙漥間多能見到其踪跡，現在潮間帶都已遭破壞，海參可能已絕跡。據後澳啊社老海女江啊嬌生前有說：在往國聖埔啊彼爿的砰咚口右邊山腳礁岸下礁灘間還曾見到。（她時有去那裏採拔海菜）。每個沙窟啊內底都有洞天。狗鹽啊魚、蝦虎是不可或缺的角色。潮池岸邊岩頂縫隙中，并排伸出一枝枝像老鼠尾巴的節枝動物：蜈蚣節蛇尾。在水面下不停的蠕動。加上與其同類的海蚋蚜（陽燧足）。在池裡彳（ㄙㄨ ㄛ ˇ）來彳去。這兩種物件看著會起雞母皮，其實不會傷人。不過，池裡卻也很熱鬧，各類小海魚仔、小蝦、小蟳蟹，竄來竄去。忙得不可開交。靜聽也不時傳出，嘀咄的落水聲和嗶嗶啵啵、唏唏唆唆的合音奏鳴曲，忽然來一聲啲！作為休止符，原來是蝦姑以強而有力的顎足在施然彈指神功，啲聲隨後牠就

會往後彈一下，這可能是人講(4)「羼蔓蝦啊倒彈」這句話的由來。

小餅啊是一埒長約兩百公尺，均寬約十多公尺的海蝕礁岩斜礁臺。前段礁臺頂和土地公山腳下步道相接處有一排約五公尺寬的林投叢，直至籬啊棧海沙埔右頂，現在該處尚有，只是沒有早年的高大，還結滿像似鳳梨的林投果。那時從這裡也可以下到約只米高的籬啊棧海沙埔頂，現在由灘上海沙流失而變高，過了崖下沙灘越往小餅啊尾，礁臺崖愈高，退潮時崖頂與下面海蝕岩平臺約有丈多高落差。由西北向東南傾斜的小餅啊斜礁臺從頭至尾，礁表崢嶸嶙峋，充滿被侵蝕的細溝縫洞，如果不穿草鞋赤足行，舉步維艱，炎夏艷陽天下，結核岩表尤是炙熱難當。礁臺下層前半段與摺層岩平臺連接，並無任何藻叢顯得光禿，可能是海潮進退拉扯力道大又水太淺，藤壺、岩蚵、海藻無法附著立基之故。其實整個潮間帶，除了新澳啊外圍硓砧礁臺周有馬尾藻生長和礁石潮池有發少許海藻外，這個潮間帶於範圍講，可說是野柳岬區各種藻類和石花菜最少發之地。這也許又跟潮水流速和潮下帶礁石生態有關。可是礁臺外半

段就不一樣而完全改觀了。從摺層岩平臺末端始，潮下帶海床不會曝於空氣中，往外原生海石慢慢變多。斜礁臺下層上潮帶間，每年四五月也好發草栖叢（馬尾藻），直發到小骿啊尾周邊。約兩公尺寬的草栖叢屬較矮形的（5）耳殼馬尾藻（重綠馬尾藻）。長得茂密。夏季從馬尾藻叢頂頭礁臺上，向叢外層拋線，可釣到海鯛類與隆頭魚類、鱠類、臭肚啊等海魚。草栖末期，秋始，東北季風始起，每於小浪天，從此到小骿啊尾也能釣到較大尾臭肚啊和五線豆娘等。進入冬天浪股大就不適合磯釣了。因此夏季是小骿啊前海域最為平靜的時期，最適合進行各種海邊活動，如潛入馬尾藻叢下追捉白底啊蟳（瘤突斜紋蟹）、潛水刺魚啊、鉤取海膽等。

東北季風起，小骿啊前海域廣闊，所以浪勢也是野柳岬觀浪最有看頭的地方。農曆八九月，海域開始不平靜，起先較溫和均勢的季風，會掀起沒有浪頭的澎湃小浪，不斷拍打著斜礁臺，使整條礁岸面飛沫帶出現一排似滾上雪白色蕾絲邊的浪花帶。有時整個龜岬礁岸邊同時出現，此美景最佳眺望點是從東澳社的駱駝岩臺上北望。進入冬季，東北季風轉強，岬尾外海強風激起的長浪席捲而來，大浪股碰觸到小骿啊尾端礁岩，被切為兩段，斜礁面這邊的大浪頭湧起雪白浪花堆，挾勢沿著礁面，像群牛奔馳般的往小骿啊頭急急推進，聲勢浩大可觀，這種現象，有時會整日的上演，喜歡觀浪的人，可坐於新澳啊細軟的海沙灘上靜觀此一奇景。

小骿啊頭是野柳岬最先風光的地方，民國四十九年時，為了因應

紅梱歷啊

磯釣的魚類

中日電影政策，由臺灣中影公司和日本日活電影公司合作共拍一部於戰爭為背景的影片。女主角是由當時的臺籍新星王莫愁小姐（第一次演出），與日本當紅男星石原裕次郎合作擔綱。電影原名：「金門灣風雲」。可能因為政治敏感而改為(6)「海灣風雲」。當時金門還是戰區，無法實地取景。因此選定野柳岬的小餅啊頭、新澳啊潮間帶灘頭，取代金門灣作為海灣炮彈落點爆炸的場景。（另一處作為男女主角談戀愛的場所，取景東澳社石炮臺內崖下的小石澳）。當時的野柳岬已屬甲級軍事管制區，但是海灣風雲為政治宣導電影，當然准於拍攝。

由於日星石原的關係，在電影拍攝期間，吸引來了相當多的日片影迷追星，但因有管制，人潮被擋於現在的收費站以內，不能夠到岬外走動。所以在電影拍完之後，野柳岬就返原以前之平靜，只是在假日時，偶有三兩學生情侶，來此探幽。由於人數不多，阿兵哥也不太加以阻攔。因此當時的野柳岬只是像少女被掀去一角面紗而已。

樹林外灘上ㄝ海鳥啊

海灣風雲這部電影，在殺青推出公演之後，還留下了一段令人莞爾又少見的插曲：其故事結尾，原是女主角要為男友犧牲性命的，可是電影上演後，卻引起了一陣風波，說是為什麼日本的男主角不死，偏偏死的是中華民國的女主角？因而拒看此片。電影公司因受不了觀眾的壓力，而把電影重拍，改為男主角死亡，重新在臺灣推出上映，而其結果是，在日本上演的片名：「架在金門島上的橋」還是保持原意：女主角亡。而在臺灣上映的版本是「海灣風雲」日本男主角死。變成一部電影有兩種不同的結局。

在 1961 年 11 月 6 日聯合報曾對此齣戲有其評說：日星石原在受傷之下，右肩揹著女主角屍體，其臉上表情應是悲傷嚴肅而悽慘的，但石原臉上卻不減笑容，這也是影迷拒看的原因之一。

註：

(1)「小骿啊頭」野柳岬東南邊有四個礁岩棚臺。龜頭尾端燕尾壁交基稱：蚶啊骿」。外段龜頭山右下方礁臺謂：「龜頭骿」或「跂死牛骿」。林添禎先生紀念像下謂：「大骿」，媽祖動上方稱：「大骿頭」，過瑪靈島岩後謂「大骿尾」。土地公山單面山坡下方斜礁臺，謂：小骿啊，而其最前段頭謂：小骿啊頭（骿是礁棚臺之意）。

(2)「大尾怀呷釣，小尾蹌蹌蹟」意即主者不出面，而一大群小夭囉卻呱呱叫。

(3)「菅啊」：菅尾（五節芒）的小一號，喜長於溪埔或海岸上乾燥地，兩者最大差別，菅啊一苞一苞獨立叢生。菅尾是群生成片，都是多年生草。

(4)「屍蔓蝦啊倒彈」：蝦子都會彎身倒彈。臺語形容偶會耍帥一下的人。

(5)「耳殼藻」：生長在上潮帶的礁石表或礁裙岩上，體短，與粉葉馬尾藻，雖都是獨立叢，後者藻體會竄出海面蔓成一片草栖海，隨波漂浮。前者大都生長在礁裙或近岸礁石上因其葉捲似耳殼而得名。

(6)電影海灣風雲資料來源，大都擇自「臺灣電影叢書（3）電影與政治宣導」。

上：小骿啊礁表猙獰磐礑

下頁：仿海灣風雲戰爭場景

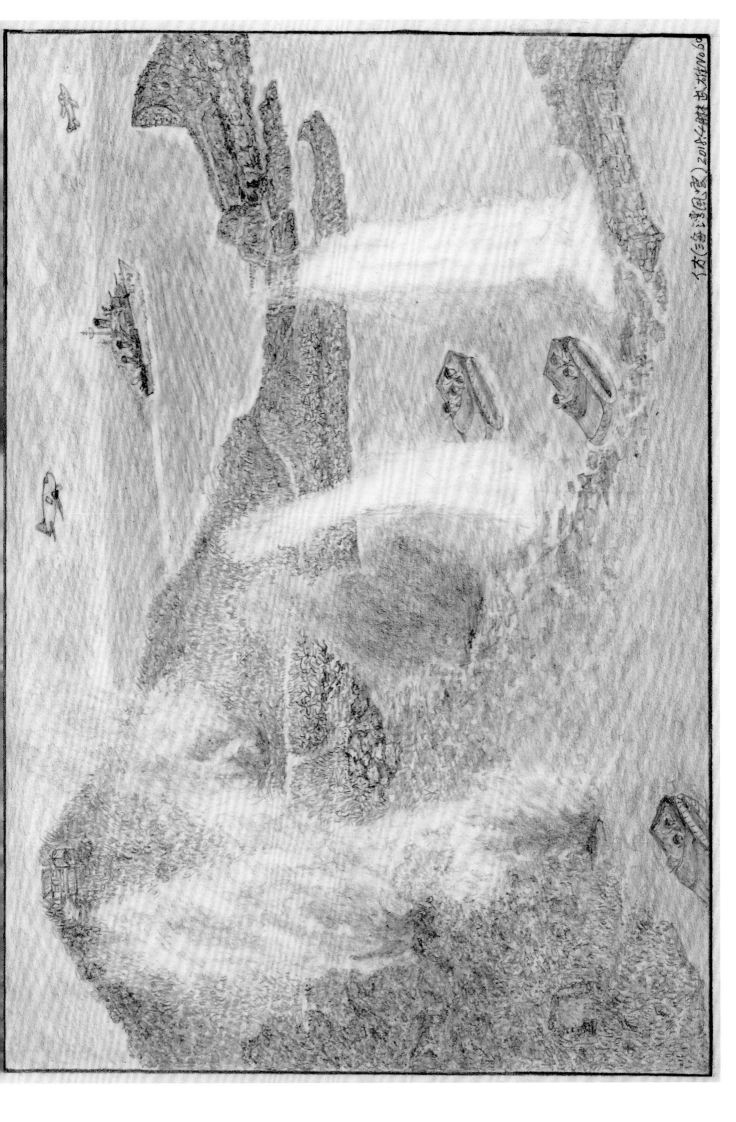

仁文（三角湧風光）2018.4.繪 古村76.60

第十四章 籬啊棧（驢啊棧？）

小骿啊尾西北邊崖下和大骿頭礁臺之間的海區是野柳岬第二大潮間帶。長約五六十公尺的海沙埔，灘頭前緣是一排約五公尺寬的螺貝粒空殼灘，往上細沙灘頂後方是片爬滿野牽牛花的濱海雜樹林。林後與土地公山（大單面山）東南腳下之間是塊坦地，曾是番薯圍。日人時代土地公山頂有軍營，此塊空地，可能是日本兵養驢馬場所，而有驢啊棧之稱謂。或是隔於林外一層，層臺音呼棧，而呼籬啊層，也不一定。

沙灘頂面，長滿了長年開著紅紫色小花蕊的馬鞍藤與蔓荊，以及濱旋花等定沙植物所覆蓋。翠綠間小花朵朵襯托出沙灘的潔白。又因長年無人干擾，環境也顯得清幽安靜。小時候，常於此沙灘上俯拾大如鴿蛋，小如豆粒各款漂亮的寶螺貝殼和其型少見的空海螺殼以及白淨的海膽殼回家把玩。盛夏午後，釣魚回程途經，總喜走下沙灘，坐於灘上，靜看白雲蒼狗，習習海風，傾聽岬外傳來的海吼，幾聲海鳥啼叫，小腦海裡充斥著對海的空思夢想。

籬啊棧灘下佈滿海石，是個多礁石的潮間帶。左岸是大骿頭礁裙底，右岸小骿尾崖底，從沙灘下至將近末端，墊著一層約五公尺寬的岩平臺。由於退潮曝出時會留有數處水窟，因而俗呼籬啊棧窟啊。細漢八九歲時，曾跟父親去岩臺頭段處鑿取木殼漁船用的木錨用石板塊。俗稱：撲碇石。父親具有辨識石肌理紋路走向之能力，俗呼(1)「撲石師父」。早時遇有落石阻路，他亦會受邀前去破石，幫助清理路障。民國四十年左右，野柳港近海捕魚還用「手搆（ㄍㄡ丶）」木殼漁船時期，船隻體型變化不大，所以木製碇石大都統一尺寸。之後，由於發展至機器推進引擎，漁船越造越大，就都改用輕便不易受損的鐵碇，而鐵製船錨有石錨、沙錨。前者用於礁石海床，後者用於海沙底。因此，易折損難製的木架(2)石碇就被淘汰掉了。時至今日，還可在籬啊棧窟啊礁岩平臺頭段處，看到岩臺被人鑿鑿過後所遺留下來的平整坑洞痕跡。而這處岩臺的質地堅

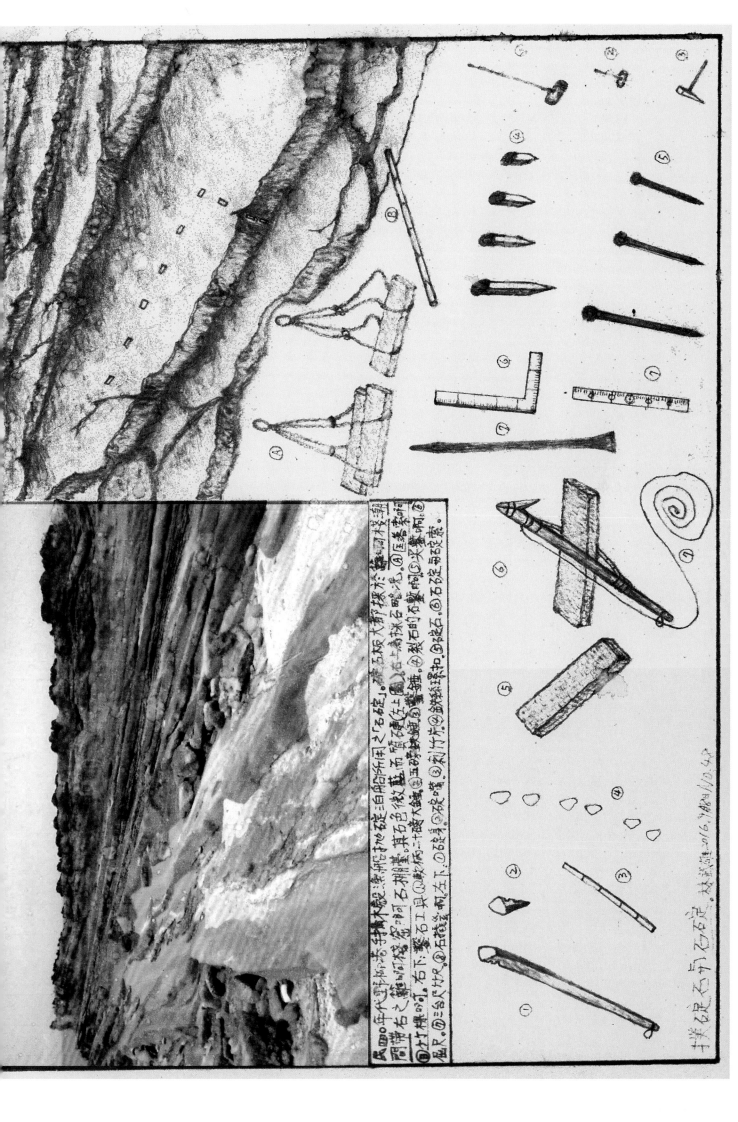

撲碇、石斗、石矴。 誌訪雜 2016.4月刊 No.42

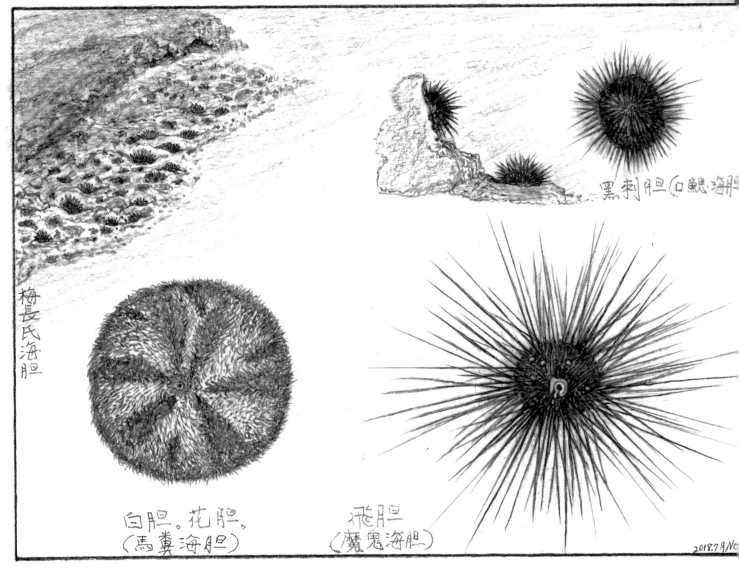

梅長氏海胆

黑刺胆（口鰓海胆

白胆。花胆。
（馬糞海胆）

飛胆
（魔鬼海胆）

2018.7月NC

硬、厚重，石肌色澤均勻，呈淺水藍色，切割後，不必做太多修飾即可成材。

　　籬啊棧潮間帶灘下淺水海石上，盛夏有產細本石花（細翼枝葉），而外段籬啊棧口水深產有鳳尾耗石花菜（安曼斯），此與小骱啊尾周遭潮下帶海床上，也盛產刺膽（海膽）。有白膽（馬糞海膽）和花膽（白棘三列海膽）。前者呈白色膽體。後者殼表有多重雙色相間瓣紋。兩者都可長到十公分以上。尚有體積頂多長到 4-6 公分殼、體刺全黑的黑膽（口鰓海膽）。海膽殼內中空，殼頂正中有一透氣小孔。

腹底部有個五元銅板大小的臍孔是其嘴。靠其腹面臍孔周圍短刺蠕動行走。其腸腔和生殖腺緊貼內殼上。一腸腔一生殖腺。各有六瓣，呈黃色的精卵帶生殖腺，俗稱：刺膽膏。是為高級海味食材。早年漁村食法，把其合攪麵粉，韭菜碎、油煎成餅狀。或與雞蛋攪合清蒸。海味十足。真正好呷。今之海產餐館，流行現剖生食，賣相特殊而價昂。如於膏質論：花膽、白膽的膽膏量多質粗，而黑膽膏少，質綿細，但因體積小，鈎取較困難，費時又費力。海膽大多棲於水深三米以上的潮下帶海床上。取之非易事。必須具備耐心

和較好的潛泳技術，每年農曆四、五月是海膽產卵期。它和石鱉一樣，喜於撲西北後（西北陣雨後），外出覓食，鉤取趁此時，鉤膽人攜帶一個一米高的大圓口竹編魚籠啊，口上橫綁一毛箬粗大竹棵來增加浮力。使魚籠口漂浮在水面上，用條長索，一頭綁住籔筐，另一頭綁在鉤膽人腰間，拖著浮潛，尋找標的物，當發現海膽時，即刻潛入用米長粗鐵線，一頭彎個圓圈以利手握，另端彎成尖尾鉤狀的刺膽鉤啊，伸去把海膽鉤起，接住往籔裡丟。用鐵鉤一是減少潛距，二是怕被飛膽刺著。這種較淺處海床上的花斑刺海膽，殼體如乒乓球大小，長約四五吋黑白或紫色相間的節刺，殼上有兩個親相目睭仁耶小白點。膽刺不停蠕動，看起來有點驚悚，而處於十

幾公尺水深處的沙氏魔鬼海膽，不同的是它老兄的殼體上，有一個小白球，加上中有一點黑，還會轉動，似直瞪著你看，像極魔鬼凸出的眼球，比前者更加驚悚恐怖！飛膽一但受到驚動，會用其腹部短刺，快速半漂浮的行走，這也許是其諢名的由來。

人的皮膚，一碰觸飛膽刺，它會自動射入皮下肌肉裡，並自表層斷掉，只留下一小節存在皮下。因膽刺質似沙岩沫狀，如不用刀剖開皮肉，很難把它清除乾淨。有毒性的膽刺不久就會發癀

籬啊棧海砂埔灘頭的螺貝空殼

濱旋花

犯疴（發炎）、紅腫疼痛不堪。早年漁村醫療並不發達，如不小心被刺到，第一步措施就是先用縫衣針，把其殘留皮肉裡的粉粒狀物，盡量忍痛剔撥乾淨，再用老祖媽留落來的步數，趕緊去挽解毒耶青草啊轉來捶捶損損呗咧，敷糊於傷口上，讓其慢慢消腫退癀。

野柳岬海域除了上述數種海膽類外，在岬岸上潮帶以降的礁裙、礁壁、礁石上洞縫隙間，紫色橢圓形的梅長氏海膽，其不可食。卻是礁岩的侵略者，它著床於礁岩小空洞縫隙中，在其成長過程中，不斷的侵蝕岩洞。之所以野柳岬礁岸上潮帶上下礁岩上充滿著貓鼈豹（ㄋㄧㄠ ㄅㄧˋ ㄅㄚˇ）的坑坑洞洞，攏是這種梅長氏海膽的大傑作。

海膽是從太古留下來的海生物，野柳岬礁臺的岩表層上，到處都留有其似徽章的瑰麗化石標誌，這也是野柳岬造陸過程，與海生環境歷史的重要見證。可惜由於人為的無知與破壞種種因素，至使岬區海膽化石不但被盜挖，海域海膽也被濫取而幾近滅絕。至為可悲。

註：

(1)「撲石師父」：早年的駁坎、石堤、石屋和地基等建料大都採用石材。而這些材料切割造型、堆砌等工法都得由打石師父築修。

(2)「石碇」石錨製作：用枝兩尺多長的木棍，削成一頭較粗，一頭較細的木條。並把一邊削成平面，粗端兩寸削成四十五度斜面，用枝約六寸長木段，一頭削成同度斜面，兩相密合而成亅字型，尾尖也削成斜面鴨嘴杯形狀。亅字木架上端結一繩索圓環扣。密合成鴨嘴杯形的中間，刻一凹痕，用鐵線緊匡釘牢靠。把碇石板塊擺在木內側平面正中，再用一長厚竹片條，順著木條平面壓著石板塊，兩頭伸出部分都用鐵絲或藤圈盡量夾緊釘牢。使其不易脫落。變成十字型之船碇。而碇索從木項軟繩圈中穿過，索頭綁死於碇石板下方木尖背面，提起石碇成倒吊狀，丟拋海床上定住船隻是謂「拋（˙ㄅㄚ）碇」。早年石碇也算是漁船不可或缺的消費品。需求量多，因其有高折損率。

附註：現在野柳岬海膽化石於媽祖洞左前礁臺上尚存有較多。

籬啊棧海砂埔

第十五章 王爺宮、媽祖洞

王爺宮（現媽祖洞）是位於大
骿頭王爺宮頂礁臺岩下方，野柳岬
最大的海蝕岩洞。因其洞頂礁臺下，
有籬啊棧海沙埔掩護，得於保持不
被海水貫穿。可其洞頂被蝕溶陷，
料是早慢耶代誌。王爺宮顧名思義
就知是王爺的府邸。在常潮之下，
海蝕洞會被潮水沒入大半。只於大
退潮時，才會全曝出。要不然早就
成為正式的王爺宮殿了。據傳於清
光緒十七年間，有劉姓村人在洞內
發現了一尊全身漆黑的木雕神像，

野柳岬土地公前澳啊的周倉爺公府邸

上：王爺宮（媽祖洞）
下：王爺宮海域

帶回村內經村紳鑑定後，認定是
三國時代，東漢河東人周蒼先生。
他是忠義之神關羽老爺的部將。
在關雲長走麥城遇難後，守麥城
的周蒼聞訊，自殉守義，後來成神。
村人尊稱其為周蒼爺公，並於土
地公前澳啊，找了一處石洞暫奉。
不久，有位住於國聖埔坑內村村
民，由於常來野柳岬區從事捕魚
活動，常於晚間從野柳爿硛喀口東
望，每有神光乍現，知是王爺公顯
靈，此神跡傳回他們村內後，沒多
久就推代表向野柳村紳遊說：因

坑內村缺一廟宇，想把周爺神像請回村內，起廟永久奉祀，而經野柳村紳與王爺請示溝通後，同意其所願。從此後周蒼老爺子就落戶於坑內村。雖知影，百外年後，卻因要興建核電廠，坑內村必須全部遷村，就峰迴路轉的又把祂老太爺，請回了野柳村，並於土地公山西南邊山腳下土地公前老地方，為其蓋了間豪宅供奉，真是爺事難料。據日據時期，日人所做的調查發現，整個臺灣地區只坑內村有間(1)周蒼爺公廟，而別無分號。

王爺宮海蝕洞前方，有約五十公尺長的礁臺缺口，名呼王爺宮口。而兩邊礁臺棚上，是野柳岬有名的奇岩怪石區。由於海浪從缺口湧進，碰撞到大骿頭西北面崖壁，不但把洞前侵蝕成一海蝕礁石澳，洄溯海水向左右兩邊擴散，左向海水與大骿前段三條已遭貫穿的丫字型海蝕溝渠湧入的海水結合，把女王頭所在的礁臺內側下和大骿崖下方之間，蝕成一片海蝕摺層岩潮間帶，俗稱：籬啊棧底。其灘頭是片細沙灘，灘頂有林投樹林。

而右向海水，把王爺宮海蝕洞左崖壁下和左前礁臺東邊礁裙下之間，沖蝕成一有白化珊瑚礁碎粒的小潮間帶。灘上立有數個蜂巢蕈狀石。與灘頂、灘左礁裙以上的蕈狀石同屬一蕈狀石群區。有名的冰淇淋石就在潮間帶灘頂不遠處的崖下礁臺上。而此礁臺也是野柳岬區奇石岩態最豐富的區域。

王爺宮前和其左右海床，是個多海石的原礁石區，內層淺水處礁石下可撿拾到好呷的青蜓螺（臍孔黑鐘螺）。而原礁石上也富產細本石花（細翼枝石花菜），外層水深激流處，則產鳳尾粍（安曼斯石花菜），兩礁臺尾端外，中潮帶礁壁上長的是大本石花（日本石花菜），同時此兩邊礁裙上，也旺發草栖（馬尾藻），由於藻類叢生而礁魚特多，有郭啊魚、石狗公啊魚和海鯛、鸚哥以及隆頭類魚。冬春季雖然也有較大尾海魚，但因礁臺尾有多條海蝕溝，海浪洄溯力強，海象又不穩定，不時激起高浪花而不易下釣。

王爺宮左前礁臺，俗稱番啊石角。是個奇岩怪石展示場，從潮間帶左礁裙往上，可仔細觀察到蕈狀石從生到死的過程，由最下層的初露頭殼皮，往上是蕈狀石還沒有脖子的初露頭殼期，往外是數個已有粗頜頸啊。而最上是已伸出細脖子的完全成長，這是其生。而礁棚臺

釣魚的小孩

Nak 2010.3.16 林武雄

聖放又懸流黑卑卿呷呀咒組洞在前臨谁集上聲狀石生孔以分開。右下往上初露頭皮，頭腔成型，完全成型，孔以後爾腹受。

（聲狀石の生み成）。初就班2016.12.08的的5.50

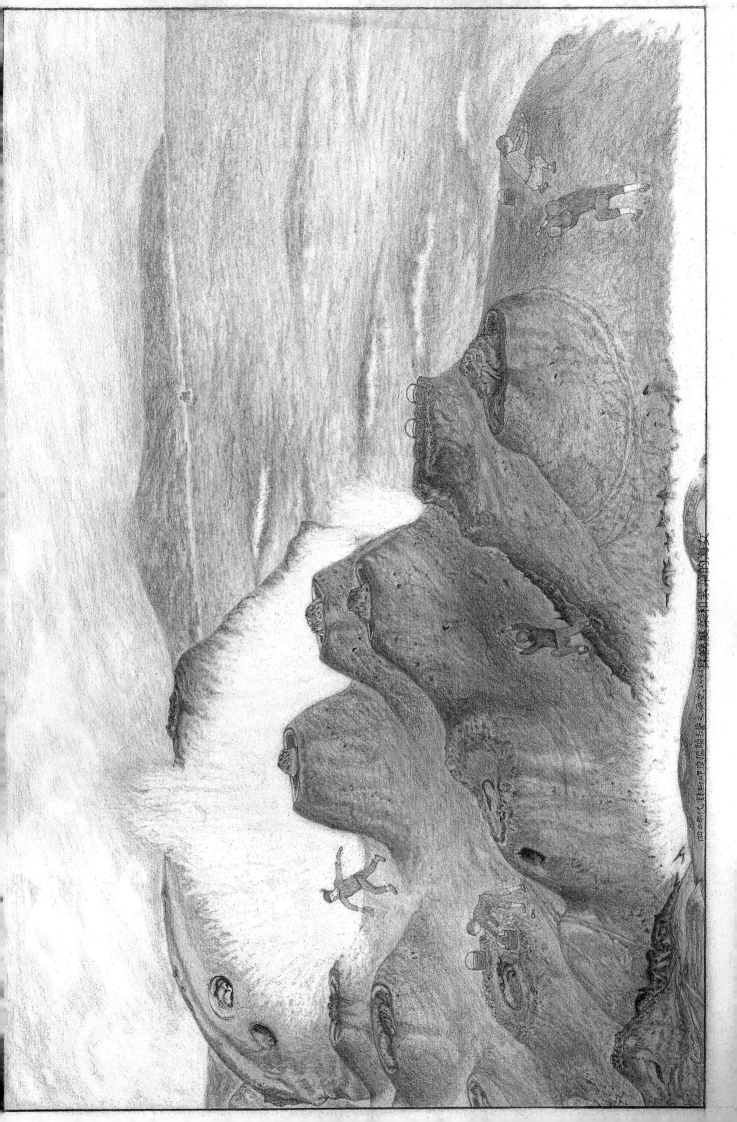

圖四 年代久遠的摩崖石刻上還刻著先人的原始工具和祭禮時的男女

野柳王爺宮左側灘上、冰淇淋石態。

No.9 2011.4.20. 林武成

北岸邊上，尚遺留數個只剩下頷頸啊的蕈狀石，其蕈頭已不知去向，日久之後連脖子都會被溶蝕殆盡，此即其死，亦是早就注定的宿命。

此礁臺上，有多層次不同岩態石，而其形成的關鍵在於兩三千萬年前的海底沉積泥沙，日久遂漸岩化，其生物遺骸中的碳酸鈣與有機物質膠，相合成堅硬的結核質層。由於堆積的環境與時間產生不同變化，當地殼產生運動後，這些岩化層被推拱出海面上，成為海蝕礁岩平臺。因形成單面礁岩臺，又同時被侵蝕風化，而產生三層主要的不同岩態。整個野柳岬大致上都以此種岩層構成的。如大餅與小餅啊，兩斜礁臺，其猙獰、嶙岣的礁表，亦是堅硬的結核石層。而蕈狀石是此海蝕礁平臺上的第一層岩態石，其上部是堅硬的結核鈣質砂岩，下部則為鬆軟的黃褐色砂岩質。

蕈狀石群左上方平臺上有一片像墨西哥圓形大草帽的「天窗」石態岩，大小不一的天窗都圍有一圈堅硬的窗橡。中內凹部是受風化了的砂岩表層。礁臺最上層為薑石群，據考證資料，薑石的形成，因地層中含有不規則的結核，其周邊較軟岩層，經侵蝕而下陷，硬結核因而浮出石表。再有風浪不斷的溶蝕，形成歷經風霜的粗糙表層，其表皮像被切割的縱橫節理紋路，則是結核深埋地層中時，因地殼擠壓所造成的破裂面，礁臺上的這群薑石就像是由南而北的被撒落在礁臺上的老薑根節，近觀之，其粗糙表皮有灰色帶黃的色澤，跟家常實用的老薑段，實在有夠全款。可是薑石結核從外觀看似極硬，但因其如刀割的節理紋路，會因海風海水鹽分的趁虛而入，加劇其縱橫紋路的侵蝕而變大、變深，日久終究還是被溶蝕殆盡而了其一生。

在薑石群內段旁的礁石平臺上，散佈著一遍盤子般的圓形內凹淺坑洞，是謂溶蝕盤。這平臺上，原本就存在於岩表大小不一的凹陷，經潮汐起落海浪的潑灑，而留存於凹陷內的海水被蒸發後，鹽化結晶至使凹壁變脆，日久受侵蝕而越變越深、越大，至成為盤狀，因此溶蝕盤，可說是海水「挖之傑作」。

在溶蝕盤往西靠燭臺石的礁臺表上，是片較圓深如西餐湯碗的凹穴，是謂：壺穴。由於礁臺表層上，原存在的小小坑洞，因海水夾帶著細石礫，落入洞中，經日久沖刷翻

滾的小石礫，不斷摩擦洞岩壁，留存於圓洞內的小礫石，也被磨成珠粒狀。因壺穴較深，海水不易被蒸發乾涸，至成為了小海生物如小仔海蝦、蟳蟹、藻貝類甚或小小海魚的天地，不論是雙胞穴，穴中穴的穴中，都生機盎然而別俱洞天。

於海蝕平臺西岸邊上的燭臺石群，以早村人謂之石乳。據考證說：此種岩態石，形成必要結合多層次的自然條件。首先於沉積岩層中，必要含有鈣質的球狀結核體，經過海水日繼月累的沖刷侵蝕，其周邊砂岩，而露出結核球體，爾後，再被蝕成環形溝槽，當地殼抬升之後，燭臺石也跟著隆起。又經海水不斷侵蝕，其臺身越蝕越高，終於成型。此為其生。而當結核石周溝槽被日愈浸深，圓核即會掉落，所臏砂岩臺身受海水無情的侵蝕，終至消溶殆盡，徒留一凹岩窟，此即其死。此燭臺石的獨特景觀，不僅臺灣唯一，於全世界恐也僅有，實至寶貴。

內燭臺石海岸邊上，有尾鯉魚躍岸狀的鯉魚石態，風浪稍大時，浪花潑揚中，似魚躍水波狀，也算一絕色奇景。早期有日本遊客在鯉魚石前方高處礁臺岸邊發現有個奇特岩態石，像兩段皮膚白皙的大腿，

上之三角地帶極似女之私處。日人稱之謂：「故鄉」（ふるさと）。不過如想看得神似必要等到風平浪靜的退潮時候，從石乳外邊礁臺岸往上看，才瞧得其形態。如於常潮時段，還是不好奇為妙。以免一不小心就會給海龍王拖去做囝婿。據村紳林源莊先生說「故鄉」臨海岸邊下礁岩，俗呼為（2）佛祖巖。自巖下有條呼：（3）走馬垺啊的礁壁小徑，可經過土地公後通達土地公前的菱白條啊石頂懸。只是必於退潮時段，才得通行，而此捷徑也只有膽大泳技又好的海女以及少數村人走過而已。

番啊石角礁棚臺光滑的岩面上，縱橫著深淺不一的鐵鏽紋路，在靠內層岩表上，細察會發現有為數不少屬「沙錢類」的扁圓型里盾海膽與圓碟海膽化石。由於鐵礦質把其原是白色膽殼體染成豔麗的紅褐色，而其膽體結構紋路，依然清晰可辨。在靠近南邊平整的礁臺砂岩面上，可看到有管狀的生痕化石，這種類似枯樹枝的「沙棒」是海洋節肢動物在地表下的巢穴遺跡。岩表上，尚有些如蚯蚓穿爬過成束圓管狀的生痕化石，它是遠古海底某種海洋生物的巢穴遺跡。此外，也

不畏鹹水霧的強韌生命力

可發現有貝類以及雙貝類化石。這些化石於龜岬東南邊下的龜頭骿（有謂跋死牛骿）上亦多見，而唯一的一枚海星化石就存在於礁臺內段的瑪靈港啊口岸上。

這些遠古的生痕化石，可供生物學家去做為推測一個地方生物過往的活動依據。並可解說，證明野柳岬古早啊古早，沉於海底時，其海洋生物是多麼的熱鬧繁華。只可惜這種千萬年來從未受到干擾，卻也無人懂得去珍惜，可憐

這些漂亮似徽章的海膽化石，在開放觀光後，不但遭盜挖還任人踐踏，幾乎摧殘殆盡，如有所賸，也寥寥無幾而殘缺不全了。

王爺宮左潮間帶灘頂崖壁下方，濱海植物茂盛，有林投叢群，在冰淇淋石後方是大片菅尾林，往山腳是排濱枌木叢群，加上石縫坑洞間蕨類與石板葉、濱剪刀股等會開美麗小花蕊的草本植物，於這種腥風鹹雨的環境下，能成長而茁壯，實不簡單。濱枌木叢盡處上坡從菅尾雜林從中有小徑直上土地公山北角山腰，現在的涼亭處。涼亭過去，小徑捱著土地公山西北崖腰荒蔓雜草中走，過崖轉下從菅尾林中穿出，即達土地公廟後的地瓜園上。開放觀光初期，還把此小山道拓寬，並於近涼亭處設關卡向遊客收取門票。不多年，因土石流路崩陷而徑斷。現在於山腰荒草叢間，還隱約可見紅磚啊角的斷垣殘壁。

現在山腰上的涼亭是個觀景佳點，往東北方下望，礁棚臺，灣澳，豆干石啊（豆腐岩）

歷歷在目。早期入秋時節還能看到海女在番啊石角礁臺岸上採拔頭毛菜的情況。而夏季從此到岬角礁岸下，午後可觀看海女潛採石花菜，北眺泂泂大海直至天際，盛夏時節，海面潾波盪漾，波影閃爍，徐徐海風拂面，令人心曠神怡。秋末始，東北季風呼嘯，內探懸崖底，土地公後（現外堤岸頭處）岩壁，承受大浪接二連三的猛烈拍打，撞擊發出的轟嚨巨響後，激起數丈浪花，聲勢之大，令人心憾乍舌。而其外岸礁臺上的燭臺石群處，海浪有如萬馬奔騰而至，濺起水花潑沒石群後，燭臺石溝槽瀉下的雪白水幕，似瓊漿溢盤，浪花中有尾肥滋滋的鯉魚躍出波濤，如此堪稱世界級的海象，礁臺美景，整個冬春季重復地上演，直至春之將去，才慢慢緩和下來。

相傳：清朝嘉慶年間，有村人在王爺宮海蝕洞內，拾獲一尊完好的神像，很明顯一看便知是閩南漁民最尊崇的媽祖婆。據「萬里鄉誌」記述，村人在拾獲神像後，有在村內搭

生痕化石

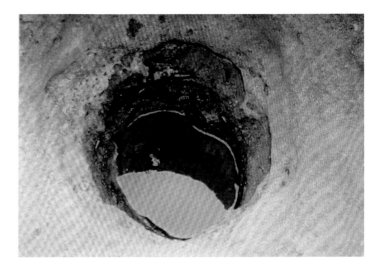

壺穴

海膽化石

一簡陋小屋暫奉。本也有想建廟永久奉祀，只是每擺若跋聖杯要請媽祖婆家治擇地，可每每攏得不到答案。而其卻有明示，伊想麥去金包里帶（住）的意願，村紳也想尊其願去作。無奈當時兩地都缺少建廟經費而無法達伊所望。由於受供奉期間，靈威遠播，有一名為朱賣的海賊頭子，聞風也前來向媽祖婆祈願，後來果真應驗。而朱賣也遵守其諾，於金包里現之(4)慈護宮地點起廟。並從野柳把媽祖婆神像請至金山供俸。此後每年的農曆四月十六日野柳人都會用鑼鼓陣去金包里接媽祖婆轉來野柳恭於保安宮作客數日。村俗稱這日為迎媽祖。並且作戲請客人。午前嘛有⑤點心擔供各方來客呷食。是野柳社年度尚介鬧熱耶慶典。

註：

(1) 據說：周蒼爺公回野柳後，坑內村原廟並沒有拆，而是被隔於核廠圍牆角外，並由人再雕金身奉拜。後來因野柳新廟沒有登記，而老廟有登記而鬧雙包。

(2) 「佛祖嚴」：嚴臺語意，岩壁上方有凸層而下方內縮。

(3) 「走馬垺啊」：山壁間只容得下馬走的小路。

(4) 「慈護宮」：初名為天后宮，後來改名慈護宮。

(5) 「點心擔」：早年每次地方性迎神慶典，廟口都會演出各款野臺戲，由於看熱鬧的遊客穿梭不絕，卻不一定都能被招待上宴席，熱心人家都會煮如米粉湯、米苔目湯、圓啊湯等各色點心擔挑到廟口前路邊，由遊客吃食，以為招待。是謂：出外人呷咧啊未飫就好。

上：脈耳草花
下：雛菊

第十六章 大骬

大骬是野柳岬最長的一垟單面斜海蝕礁岩棚臺。從土地公山（大單面山）北邊崖腰間直延伸至瑪靈港啊口（情人洞左前岸下海區），它也是岬區海蝕溝渠最多的礁臺。在前段處礁臺還沒被切斷前，是一弧型線條很美的礁臺。由於前斷崖下有王爺宮媽祖洞，中段有站立於崖頂的救人英雄林添禎先生銅像，往外有野柳岬守護神瑪靈鳥岩，現在又是遊人必經之道，真是風光。

大骬海產物也豐富，在中段礁岩海底產有肥美的海胆，同一水深處潮下帶礁石間有近岸較大海螺，俗稱：宣帽螺（銀塔鐘螺）可潛拾。這種尖帽形海螺，肉質白淨鮮美，卻因棲於水深處，取之不易。在夏初農曆三四月始，上潮帶礁裙間旺發草栖（馬尾藻），五六月草栖旺盛期，草栖骹（腳下），有大群白底啊蟳（瘤突斜紋蟹）出沒。此種蟳喜棲於水清藻盛礁裙潮帶間。以海藻為食，其腔

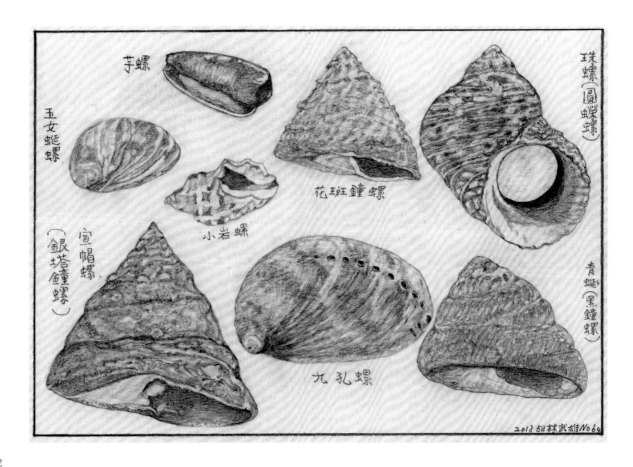

白底。呀（瘤突斜紋蟹）

鐵甲（石鱉）

2018 3月 林武雄 NO55

腸乾淨，肉質白嫩細緻而鮮甜。有一種獨特的蟳啊味。很受饕者青睞。白底啊步足長節有兩列短毛，指前腕側的長毛，可助其游水，至行動十分敏捷，捉它有三步法度。一謂擒白底啊。於夜晚退潮時，手提礦火（以硫磺石氣體點燃的照明具）。俯首於礁棚上潮帶間，此時白底啊覓食正興，受燈火一照，會一詫定住，速捉之。手腳要明快，如讓其回神，溜入水去，捉之，門都沒有。第二步數較刺激好損（好玩）。於漲潮時候，戴著水鏡，潛入草栖骸，追逐而捉之。只是此法，要有好泳技的海女較常為之。而最輕鬆的一法是謂：釣白底啊。用片細目漁網，包住煙啊魚頭，或雜錯魚啊。拿繩索綁妥，吊在硬竹竿尾端。沈入馬尾藻叢蕷中。白底啊聞腥而至，用長足緊抓網包噬食。稍待才慢慢提竿。白底啊會因不捨棄而被活捉。此法大都用船釣較有收穫。

以早，村人捉來此蟳，都是用白水煠熟即食而味鮮美。後來流行把其醃漬成「給」。類似廣式「搶蟹」。味甘鮮美是酌酒好料。於民國七八十年代，每於當令產季，基隆廟口海產餐廳，大多在攤架上擺上一盆白底啊給。而東北岸線海產店，也常可見此海味，以饗老饕。也許是這樣毫無節制的大量捕捉，加之海水汙染日重以及草栖銳減的關係，終使這種寶貴的岩蟹，在北海岸與東北角海域幾近絕跡。而野柳岬岸下由於馬尾藻大減，白底啊可能早就說拜拜了。

大骬的上潮帶礁岩縫洞中，棲有屬「石鱉科」的大駝石鱉，俗稱：鐵甲。其體型有男子拇指般大小。約四五公分長。橢圓形的肉板背上，有一排八片並排的甲殼保護著甲殼下的腔腸。周圍外套膜（肉帶）成灰綠色，有小小顆粒狀物。牠靠著底層吸盤狀的肉板塊吸於潮間帶礁石礁岸上緩慢爬行。以藻類為食物。而潮間帶礁石岩間也常見的一種長度約有兩三公分肉板單薄的薄石鱉。不可食。也非大駝石鱉仔仔。農曆四、五月，是鐵甲產期。他們每喜於西北陣雨過後，出來覓食。此是捉之最好時候。由於鐵甲肉盤吸力極強，取牠要利用一支粗鐵線打造成像一字型螺絲起子，俗稱鐵甲剔啊的工具，把牠剔離岩面。海女謂剔鐵甲。鐵甲捉回之後，把牠倒在水泥地上或石板塊上。用手掌心不斷搓揉至背上甲殼完全脫落。洗淨後拿來清炒，韭菜或青蒜段。

也可合薑絲煮豆醬啊。吃起來嚼勁十足，別具風味。有村人把它用來醃作（1）鐵甲給。開放觀光早期，尚見村民把鐵甲給裝於玻璃罐內。在風景區向遊客兜售。現在可能產量太少，而（2）「青呷都無夠囉，擱想麥曝乾」。

　　大餅越往餅尾，越水深浪大。在冬春之季，由於海浪日夜潑灑浸潤，因此礁岸上潮帶和飛沫帶上生長多種可食海藻。經常採食的，有鹿角菜（皮絲藻）。此種海藻產期長，從農曆九月始，至次年三四月尚見其踪。而三月是其盛產期。鹿角菜採回，因其草體紅潤而滑溜乾淨，用清水稍沖洗即可炒食。用豬油、蒜片爆香，入鍋熱炒，淋點太白酒、醬油起鍋，吃起來膏膏粘粘的確有海之風味。很受村人喜愛。此外尚只知俗名的蝦啊菜、摳白菜、摳刀簾啊等藻類。都是漁家飯桌頂的佳餚。在六十年代前，野柳岬區海域，生長著各門藻類，有綠藻門、褐藻門、紅藻門等不下二三十種之多。這種已有幾十億年就存在於地球上的最原始植物生命體，它不但可供村民換得銀票，滿足口慾，也豐富了野柳岬海岸上下的繁榮景象。

　　過了瑪靈鳥岩之後，稱為大餅尾，其周遭海域是洄游海魚最喜集結之區。也是岬區最佳磯釣礁岸之一。只是在秋旬至來年春旬，從岬尾洶洶大海捲進來的海浪，棚臺尾首當其衝，不時激起丈高浪花，雖然海魚特多，卻也不是隨時都可進場的。孩童時候，有年夏末的午後，曾於大餅頭巧遇有人在大餅頭礁岸下炸魚，把炸藥綁在電線頭，用浮木吊著，丟沈於海面下約三尺深處，已經忘記他們有沒有在炸前先撒誘餌，用集魚燈電池通雷管引爆。通電引爆時，只聞傳出一聲悶響過後不久，海面上即刻浮出數尾翻白肚的海魚。還見幾尾在海裡斜游做垂死掙扎，當兩三村人躍入海裡去撿撈海魚時，於岸上卻見有兩條黑影自外直闖而來，速度之快，有如B廿九戰鬥機。岸上的人大喊「有鯊魚啦，咔緊起來啦」。正在撈魚的人，連游帶爬的驚逃上岸，速度之快，不亞於鯊魚。眾人排站岸邊，屏息以對，默然而視海裡兩沫灰影橫撞直衝的掠噬魚之饗宴。過好一陣子，鯊魚走了。但再也無人敢造次下海。收拾殘局時，聽他們議論紛紛，有人說：「這兩尾大鯊，是佇龜頭尾，聽著（3）砰子啊聲（炸藥聲），才弄入來耶啦。」又有說：（4）

大骱釣白底啊

「鯊魚僅單麥呷活魚，死魚啊無愛呷啦」。勿管按怎，我看尹這擺是（5）「阿婆啊炊粿，倒凹」。

註：

(1)「鐵甲給（ㄊㄧˋㄍㄚˋㄍㄟˇ）」：生醃石鱉。把石鱉去殼的肉板塊，用滾水燒氽燙之後，待全涼。用鹽巴、糖、酒、參米醬啊攪合後，密封玻璃罐或陶罐內。置段時日，待鐵甲肉吸足合料香氣，而色澤成微紅時，即可開罐取出，加點酒，青蒜碎，灑點香油，嚼之有海味。配糜（ㄇㄞˇ）酌酒兩相宜。

(2)「青呷都無夠囉，擱想嘜曝乾」：意即現吃都不夠了，還想拿去曝成乾燥物存起來。

(3)「砰子啊（ㄅㄥˇㄐㄟˋㄚˋ）聲」：臺語：砰子即是炸藥。

(4) 相傳：鯊魚只吃活魚，不吃死了的魚。

(5)「阿婆啊炊粿，倒凹」，含黃意。「倒凹」倒貼。此句臺語，有歧視，侮辱老年人之意，請勿亂用。

五0年代的瑪靈鳥岩

第十七章 瑪靈鳥啊、大骿窟啊

四十年代之前，女王頭雖然誕生。但是位於龜頭山頭段右邊龜印啊石南坡下，瑪靈港啊頂的（1）瑪靈鳥啊岩態石，在村人眼中，還是最具代表性地位的標頭，牠那向東方作仰角二十度的昂氣長喙與雄起氣昂屹立的身影，朝迎旭日，暮送夕陽，彷彿是要永遠守護著野柳龜。

據說：「瑪靈」一詞，可能是古之巴賽族語，或是某族之語言，現已不可考。而翻尋鳥類書籍，也找不到有謂：瑪靈鳥者？在未開放為風景區之前尚未受損的身影英姿，還真有像站立著的載勝鳥。資料顯示，此種屬「載勝科」的鳥類全世界僅只一種，分佈於歐亞洲的中南部，以及非洲。而這種鳥類中的貴族，也曾經在野柳岬的龜頭骿礁臺上出現過。牠既然產於歐亞非洲，而臺灣早年曾被這些西方人佔領過，因此西、荷，呼載勝鳥之詞不知是否與瑪靈相近，待請專家考證。

瑪靈鳥岩臺是由砂岩石，白化珊瑚礁岩以及結核岩結合而成。岩臺上長滿五節芒、濱枅木和月桃樹。東南邊雜草長到大骿崖頂止。西北邊延到龜印啊石骹坡間有大片（2）菅蓁林（ㄍㄨㄚ ㄐㄧㄥˇ ㄅㄝㄚˇ）和月桃樹叢。每年適季，會開滿迎風搖曳的菅芒花和花姿嬌滴的月

開發後的大骿窟啊

左上：月桃花
左下：長柄菊
右上：射干
右下：咸豐草

戴勝鳥

瑪靈港啊

桃花。早時，去龜頭骿與（3）瑪靈港啊從事海邊活動的人，如遇好天，回程時都會從（4）龜印啊石南邊崖下瑪靈港啊底左角菅蓁林間攀爬上鳥岩左下方穿出。而雨天則泥濘濕滑，少有願意走此捷徑者。鳥岩西南下方是一岩坳地，俗稱：瑪靈窟啊。石板岩塊下，摺層岩上，散佈著奇形怪狀的白化珊瑚礁岩石，其間遍長著槭葉牽牛、馬鞍藤，岩縫坑洞中長有濱薊、長柄菊、石板菜等多種野花。下層右角上有一似聖誕老人帽的尖型怪石，其石表裹著一層濕滑「苔衣」，會隨著季節改變顏色。近觀之，應是一似還具有活體而尚未完全白化的硓𥑮石。

　　瑪靈窟啊下方是一海蝕礁石滘澳，俗稱：大骿窟啊。其海水來自大骿礁棚臺的海蝕溝渠。崖頂Ｖ缺口下有兩粒崩陷的大岩石。溝渠下半段礁表未現明顯的穿透裂縫。海水由下方穿進窟內，每次潮起，海水灌進時，阻塞缺口的崩石處都發出滂濞聲若獅吼。窟內礁石林立，水質清澈，悠游礁魚尾尾可數。而其西北邊窟岸上，有片海雀稗草澤，晨間，午後，常見有小白鷺鷥翔臨，悠閑點頭啄食。雨後亦聞ㄍㄜˋㄍㄜˋ澤蛙唱鳴，在鹹霧腥風的海岬上，這一小小區塊，卻擁有此特殊的生態，著實可貴而令人驚喜不已。

　　民國五十年代之前，大骿礁臺只前半段有四條被貫穿的海蝕溝，而只短段的五十年間現在已增為六條，遭貫穿半段的，也不在少數，約有六七條之譜。由於礁臺下半段大都是結核岩表，海水切割較緩慢，但其西北邊崖壁是風化砂岩，不受結核保護，日夜受腥風鹹雨的摧殘，因此條條崖頂都被蝕成Ｖ字缺口，由上而下越蝕越大嵖。如想窺知大自然無敵力量的呈現以及海蝕溝渠的形成過程，大骿礁臺不愧為是最佳表演場地。

註：
(1)「瑪靈鳥啊」：瑪靈鳥岩，野柳人呼之謂：瑪靈鳥啊。野柳岬區地貌除了「龜」字之外，就屬牠。除了本尊名號外，其周邊有：瑪靈港啊、瑪靈港啊底、瑪靈港啊頂、瑪靈港啊墩、瑪靈港啊口、瑪靈港啊骹、瑪靈窟啊等。
(2)「菅蓁林」：菅尾（五節芒）老大時，會有拇指粗的梗幹，長高而成林。
(3)「瑪靈港啊」：瑪靈鳥岩東北邊崖下的潮間帶，左岸是龜頭骿內段，右岸是大骿尾礁臺。
(4)「龜印啊石」：野柳龜岬頭右上之岩石，因四角型，俗尊其為野柳神龜的印信。
附註：現在2015年的瑪靈鳥岩以瀕臨崩落瑪靈港啊底之危機。

第十八章 女王頭

　　媽祖洞右前方的海蝕礁岩棚臺，是野柳岬蕈狀石最多最集中的礁臺。早年到礁臺要等退潮時段，從大骿頭第一個海蝕溝渠的 V 形缺口左崖壁下去，右轉籬啊棧底上去，或從林添禎先生紀念像左邊不遠處的崖頂小土坡道下去，左轉林投樹叢邊可達，礁臺東南面眾多排立的蕈狀石中，有一如鶴立雞群而極富盛名的岩態石女皇頭（後改呼女王頭）。伊是野柳風景區耶「標頭」。民國五十年代之前的她，具有修長豐腴的頷頸啊（脖子）側面臉部輪廓線條優美。加上雲鬢高聳的貴婦 UP 包頭髮型，顯得神采奕奕。雖然石群中，尚有奇岩如日本婆啊頭、非洲婦女頭、非洲黑人頭、酋長頭等，但這些都只是看著伊耶後斗骷啊咧呢（後腦勺而已）。

　　女王頭本是顆高約 (1) 八公尺多的蕈狀石，約民國三十七八年間，其上部結核岩節理，在綿延雨天中突然崩裂下一大半塊現出臉龐。在海女與眾多村人認可下，號其名為女王頭，從此她就成為野柳的一份子。女王頭誕生才十多個年頭，野柳岬既而開放為觀光風景區，她也成為中外觀光客聚焦的上婿景點。聲名大噪後，所有來客總是想麥甲伊親近，摟著她那有美麗曲線耶頷頸啊，作夥擤相作紀念，這種親密的觸摸行為，次次都搓落其頸部不少的砂岩，加上海風浪霧大自然日月無情的摧殘，女王頭明顯的瘦很大。伊耶頷頸啊變的黝黑嬌細。折損之象，危危可及，恐有隨時斷頷之慮，據專家估計：如不受地震影響，在自然的狀況之下，頂多再撐的十數年，就會折頸！專家也推測她芳齡四千，如於遠古的地質年代論，她算非常耶少年。想怺到，卻被盛名拖累，幼齒年華，就麥香消玉殞，是時的野柳岬將頓時失去代表性「人物」，雖然，礁臺西北邊岸下，上有雙「仙女鞋」、「地球石」以及「象石」，請問：敢有法度代替伊？而且比其老資格的瑪靈鳥啊也已先其崩殂，是時不知能否奇蹟的出現另個標頭否？

　　女王頭西北邊臨海岸下的仙女鞋礁群，夏季節中潮帶礁岩壁間盛產大本石花（日本石花菜），較淺處潮下帶礁床上產鳳尾耗（安曼斯石花菜）午後常見海女在此礁區滰

石花（潛採石花菜）。秋冬季在季風浪潑灑之下，礁臺面好發頭毛菜（髮菜）與紫菜。只是從北方海面推來的海浪，使礁群周遭海浪澎湃，海流洄漩，相互推擠拉扯，形成漩渦處處，海女邊工作邊注意浪象。溢礁浪勢採落地生根之勢，大浪必要採（2）走湧往高處避之。很是辛苦。整個秋尾冬到春頭，這一片礁臺岸長滿蘚苔，十分滑溜。是野柳岬危險礁岸之一。靠龜頭山頭過龜印啊不遠處礁臺上從西北往東南有兩條海蝕溝渠，本是將貫穿至大骿窟啊（現築步道將其堵斷）。據說，早幾年前，曾有過七八個高中生同學，因被渠口外忽然捲進來的海浪所激起的浪花聲勢所驚嚇同時一起滑落渠裡，幸好全被及時救起，只受到很大的驚嚇及皮肉之傷而已。

尤其礁臺西北邊沿岸，面臨洞洞大海，漲退潮時段海平面落差極大，整年除農曆四五六月較為平靜外，秋旬始至冬到春旬，東北季風起，岸線下，時而風大浪大，波濤洶湧，由於季節性海流風向的忽然轉變，海象更不穩定，遇到黑陰天時，有陣風吹拂，海面上看似無什麼浪象，忽然間，離礁岸不遠處的海平面，隆起一股沒有浪花的三角

形湧堆，直向岸邊推進，海浪盈溢仙女鞋礁群處礁表，本來保持在礁壁上潮帶藤壺層間的海平面水位，勿而上昇，岸壁上的溝縫隙洞，被海水灌注而發出啵嘍普嘍聲響之後，海水瞬間下降向後退去，在岸壁縫洞瀉出滂濞的水流聲中，突聞一聲唰啊，剛退去的湍急海湧已和第二股更高的浪股二合一更強的巨浪，快速向礁岸衝來，碰撞岩壁時，由於能量加大，而激起丈高超出礁岸許多的浪花，浪花才剛落下，接踵而至的第三股隨即使才剛後退的前浪，把海平面升得更高後，迅即跌落，海水往回拉退，三股三角湧從起到落於極短時間內一股作氣完成。在激盪過後，仙女鞋群礁溝渠間，海浪宣洩亂竄充滿雪白水花，海平面雖呈現一片白沫波濤，但海流倒退拉扯力道非常之強，可把落海物體，往外牽拖，呈載沉載浮狀而越扯離岸越遠，這種海象，有人稱之為「猶狗湧（ㄒㄧㄠˋ ㄍㄡˋ ㄩㄥˋ，瘋狗浪）。

此種突如其來的猗狗湧，往往給不知就理的人，因毫無戒心而來不及反應，於民國五十三年三月，就在此岸線發生了一起疑似遇此種海象，因而發生了一件令人悲痛不已的不幸事故（另有詳述）。

註：

(1) 由女王頭身高可知此礁臺古早至少有九、十公尺高。

(2) 「走湧（ㄗㄠˋ ㄩㄥˋ）」跑往較高處躲避海浪。

龜印啊石

臺灣百合花

第十九章 岬北崖下礁岸の海女細道

　　民國五十年代之前，要前去
龜頭尾（岬末端處），正常之道，
是要從女王頭礁臺東北邊盡處的
龜頭山前頭崖壁中間，陡峭泥濘
俗稱（1）龜頭崎的簡埒爬山頂崖，

蜇過（2）龜印啊石西北邊腳下，走
岬頂鞍部山徑可達之外，尚有一途
是從龜頭崎外側龜岬西角的 L 型崖
壁下方，俗稱（3）過龜印啊的臨海
壁間攀過。沿著龜岬西北崖下礁岩

岸線通達。此岸道礁石蹔嵒崎嶇，途必伏墺涉瀆，極其難行，卻是海女採拔海菜必行之道，堪稱：(4)「海女細道」。

　　過龜印啊崖壁海平面下鑿有上下兩層手扳，腳踏的坑洞，退潮時全曝出。常潮之下，也可涉水而過。遇大潮風浪天，則難於通行。抱壁轉北崖下，巧有一約丈寬六七公尺長的海蝕礁岩平臺墊於崖下可落腳。平臺往外，有一排從崖上滾落下來的大石堆，豆干石啊頭與平臺和豆干石啊尾三點之間，形成一處原礁石林立的開放型小石澳。由於位處崖頂龜印啊

阮せ故鄉
魔鬼岬

左頁：岬北岸道
上圖：採拔石花菜的海女

過龜印啊

石的西北崖下，因而得名：龜印啊骸。退潮時，水深只及腰，早年由於海生環境少受干擾，礁魚大尾擱肥，站立於平臺上，用只丈長桂竹釣竿拋餌海石間，可釣到隆頭魚類的青衫啊魚，和大尾通身紅俗稱：紅困歷啊的紅齒鸚鯛魚，以及各種海鯛類魚。而用餌都撿拾現成的海寄生蟹，取其尾部肉塊為餌。在此磯釣都選午後三四點退潮時段，到五六點以後礁魚就無愛呷餌啦。可往外走至淺水處礁石下，摸取比岬區其他地方更大粒的青蜓螺（黑鐘螺）。整個夏季，除了來此釣魚摸螺之外，這區潮下帶礁石上，還盛產鳳尾耗安晏斯石花菜，而豆干石啊內外層中潮帶岩壁上和裂縫溝渠壁間，則盛長大本石花（日本石花葉）。早年較深的溝渠中，還有棲息（5）紅姑娘啊龍蝦。豆干石啊尾內層，水深丈餘曾在夏季和鄰居童伴搖櫓啊（小舢舨）來此船釣，由於海水清澈可見底，馬尾藻礁間花點郭啊（石斑魚）和石狗公啊（寬大木　魚）呷餌情況，可一目了然，因此採無浮標的釣沉底釣法，用的

是鎖卷啊肉片作餌，所以釣個十尾八尾無問題。豆干石啊尾段外層水深，小魚仔成群有茄苳啊魚（臭肚魚仔）、小豆娘仔群，火金姑啊（藍雀鯛仔）以及紅魚啊囝（紅尾冬魚仔）。秋冬季，豆干石啊礁表，也旺發頭毛菜、紫菜。龜印啊骹多礁石，藻群叢生，是個海生物多樣的海區。

龜印啊骹的海石礁平臺崖壁上方高處有一塊崖石崩落後，呈現出的斜土坡地上。每年春天會開滿俗稱：「憨娜花」（日語花之譯）。伊尚有多種呼名如：山蒜花、臺灣百合鼓吹花、喇叭花、師公鈃阿花以及高砂百合等。記得曾於民國四十四、五年左右，有天和鄰家福啊叔比我年長的「查某囝」（女兒）烏肉秀啊兩個人異想天開地爬上龜頭埼從龜印啊石腳下步道外的岬崖邊下到土坡上，採了兩大把的野百合花，由我坐車帶到臺北市北門口郵局邊的人行道上佇賣，經過個把小時還乏人問津，眼見天近黃昏恐趕不上基金公路的末班車回野柳，只好把花抱到博愛路與延平南路之間的(6)開封街上鮮花店去兜售，只有家花店開價二十元，只得賣了。扣除來回車資所剩無幾回到野柳時照實告知股東，她默然以對。如今

憶起，當時她是否相信。那時候的野柳岬，只要有泥土的地上，就有野百合花叢。（百合花於秋冬枯萎，藏地下鱗莖，來春萌芽再展風姿）。

龜印啊骹往外是豆干石啊頭內層的摺層岩臺，退潮時，岩臺曝出形成一三角小潮間帶俗稱：溜籠骹。上方龜岬崖邊凹處有釘結吊掛數條粗繩索，人可借助繩索踢踏崖壁坑洞下到三四層樓高的土坡草地上，土坡邊緣離下面岩臺上有段距離難於下達。崖頂凹處右邊到土坡上的岬崖壁較為凸出成為靠屏，上下還算安全。這處崖梯道俗稱：溜籠崎。因為從崖頂下來落底點是一凸出的弧形巖崖，崖下即是臨海礁岸，由於草土坡過度傾斜，來往必要順著巖崖邊緣的凸凹裂岩坑縫轉過，才能落到下層較平坦只容得個人走的一條(7)路痕啊頂上，在順坂坡抵達俗呼「大尻窿吭」的海岸礁岩上。這一處圓弧型的巖崖就是龜岬北崖下有名的「腹肚崁（似人之膨肚）」。

據居住後澳啊（東澳社）的九十高齡（民國97年時）野柳社最老資格的海女(8)江啊嬌的敘述：早年要過腹肚崁，實是歹行又擱驚險，因此由她出面和幾個逗陣的海女參詳。共同出資邀請中社的撲石

師父源啊叔能答應去整修腹肚崁，獲得首肯花了一番工夫鑿岩舖垥，總算把它修得比較順暢好攀踏。雖然如此，咔無膽量的人非不得已還是不太願意上下溜籠崎攀過腹肚崁。由於岬北崖底岸線上下礁石磊磊磐互，海水深徹激盪，海浪經年都在潑灑滋潤著礁岩表層，以至各種時季海菜產量頗豐。雖然海象洶險，礁岸崎嶇難行，海女們還是不畏艱苦，難於捨棄，她們為了方便生產線上產量的記取，還幫岩岸礁形岸態起了諸多象形俚名暱稱。從過龜印啊轉龜印啊骹（ㄎㄚ），自內而外依序是豆干石啊、溜籠（ㄌㄨㄥˇ）骹、大尻窿哐（ㄎㄤ）、崎石骹、紅魚啊哐口、懸（ㄍㄨㄢˇ）石骹、大骷骹、石牛、三塊（ㄅㄝˇ）石啊、戲籠（ㄌㄨㄤˋ）石。死人啊哐口（ㄒㄌㄧㄤˇㄚㄎㄤㄎㄠˋ）以及龜頭小骿啊、騎馬石等不一而足（上之呼名是由後澳啊社的江啊嬸口述）。

岬北岸線雖然險峻，但能赴此採拔海菜的海女們個個身手矯健，有胆頭加良好體魄。有趣的大半海女攏咮曉洇水（不會游泳）。更遑論「藏水覓」（潛水）而居於後澳啊社的江啊嬸、阿藝啊、阿月啊、阿香以及中社的可啊、阿月啊、超樸美、矮啊可、阿蝦等，攏是（9）踦山挽石花的箇中好手。

註：

(1)「龜頭崎」：未開放觀光前，上下龜岬前山崖壁的陡峭泥梯道，逢雨天泥濘不堪，上下必藉拉扯旁芒草，以防滑倒。

(2)「龜印啊石」：龜岬前頭山頂南角的四角型高凸岩石，由於形似印石，村民附會其是野柳神龜之印信。

(3)「過龜印啊」：意即從龜印石下轉過去。

(4)「海女細道」：只有海女在走的小徑。

(5)「紅姑娘啊龍蝦」：龍蝦有綠色的，雖然蝦體較粗大，但肉質粗。而紅色的龍蝦體較纖細，煮熟時，整隻呈亮麗紅色，像似披著紅衣的小姑娘而得名。

(6)「開封街花店」：民國四十五年左右，臺北市只有這裡有幾家鮮花店，所以看起來比其他地方繁華熱鬧。

(7)「路痕啊」：因是唯一路徑，雖少有人走，日久卻也留下踐踏痕跡，尚未達羊腸小徑之級數，俗稱：路痕啊。

(8)「江啊嬸」：後澳啊社海女，民國97年訪之，已是九十高齡，卻頭腦清楚。口齒清晰健談。她述說：自廿歲，從萬里中幅粗坑啊嫁來東澳社入門無外久，就開始參予從事各種海墘工課。夏季挽石花、秋冬挽頭毛菜、紫菜。剔鐵甲（剔石鼈），無所不至樣樣來。近年除了取些海物向遊客兜售外，還常被招應到龜頭山頂，去幫忙外來的磯釣客，提揹魚具箱上下溜籠骹崎，賺些外快。真是老當益壯。只是她至今還「咮曉洇水」（不會游泳）。

(9)「踦山挽」：海女因不會游泳，只好站立於淺灘間，礁岸下或礁石邊彎腰採拔石花葉，亦謂「踦挽」。

黃雞啊魚

目孔啊魚

過腹肚崁後的岬北崖下礁岸

第二十章 龜頭小骿啊、龜頭骿

從龜岬西北邊崖下岸線北角轉向東，即落到龜頭尾左邊的燕尾型斜礁臺俗成龜頭小骿啊礁臺頭上。從豆腐岩到龜頭小骿啊左礁臺沿線都是很好的磯釣礁岸，可釣到較大尾海魚如：石狗公啊、鱸鰻郭啊（鱸鱠）、錢鰻（鱘魚）、紅糟、三線雞啊魚等。龜頭小骿啊周遭也產大本耶日本石花菜與安曼斯鳳尾粍石花葉。退潮時段可於礁臺上剔鐵甲（剔石鱉），而礁裙下方摺層岩臺砂泥間棲息著很多俗稱蚶啊（ㄍㄢˋ）的（1）孔雀紫怡貝。這種貝類每年農曆三四月是其盛產期，此貝於足絲相互連接，只要摸到一粒，即可拉提出一大串來。有男子拇指般大的雙片殼貝體，殼表頭段長有鬃毛絲。採回後，放置石板或水泥地上，用手掌心來回搓揉，邊搓邊淋水，由於其殼體易碎，不能太急太使力，直把鬃毛全部搓落，即可下鍋，煮法大都是豬油韭菜熱炒，至貝體裂開，現出橙黃色肉蕊（2）關火，注入少許酒、豆油，稍加翻轉，即刻上鍋。另法是用豬油薑絲爆香，放入貝體稍炒後，置入豆醬啊或米醬啊，悶至殼體裂開，撒下青蒜碎段起鍋，其似白玉蘭花苞的貝肉，甘鮮可口，頗具風味。而龜頭小骿啊，也因盛產此貝而得名蚶啊骿。

龜頭岬末端，山崖下，海岸線較岬頭長，俗稱龜頭尾。其實是野柳龜的頭部，臺語習慣把頭部加個尾，例如：山頂尾溜、頭殼尾頂、屐尾頂等。從龜頭小骿啊頭頂，要到龜頭骿這段礁岸，海女也依地形地貌號名，從騎馬石、白米甕、石屐門口、外畚箕湖啊、內畚箕湖啊，踅過二十四孝山就是野柳岬最大的海蝕礁岩棚臺龜頭骿。約民國四十年左右，現在涼亭右前下方岸頂曾發生山石大崩塌，滾落的山石把潮間帶灘頂灘頭掩去大半，逢漲潮必要攀石而過，陷落的岩石呈白色，漁民從外海內眺說像似一堆龜蛋，而謔謂：野柳龜擱會生卵喔 。

龜頭骿末端的（3）龜妮啊尾隔海的大礁岩石，因上有四角型白色岩塊，得名白柱岩，而延出尚有二處獨立礁石，二三之間是早年手搆木殼漁船時期最風險有名的龜頭

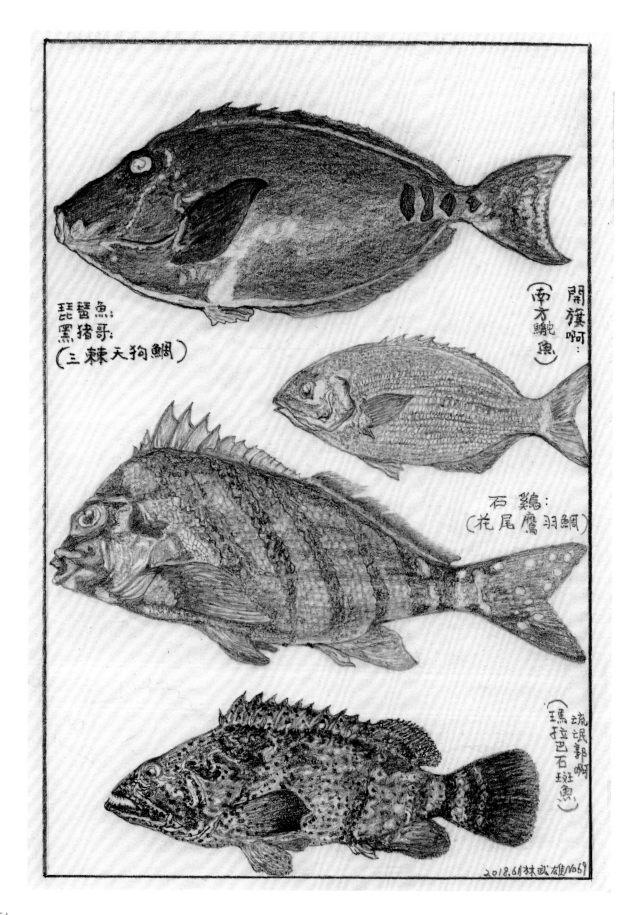

琵琶魚:
黑猪哥:
（三棘天狗鯛）

開旗啊:
（南方鯷魚）

石鶏:
（花尾鷹羽鯛）

流氓郭啊
（瑪拉巴石斑魚）

2018.6月林武雄No69

溝。從白柱岩往內至大骭尾瑪靈港啊口，岩岸邊上，滿佈海蝕洞穴，海蝕溝渠縱錯，礁岸下海底隱藏很多暗礁、洞穴，遇季風浪洶湧，碰觸礁岸，成不規則的激烈洄溯亂竄，於這種的海象之下，卻有較大尾海魚，喜於岸下海裡覓食藻碎。因此可磯釣的有黑粍啊魚（瓜子鱲）、白粍（南方舵魚）、開旗啊（蘭勃舵魚）以及棲息礁洞內的守哐郭啊（石斑魚）。不過秋冬季於北崖下礁岸進行磯釣，要注意風起浪即至，以及突起的三角堆形猙狗湧。釣者必具備有一把啊骹手應付。如真正進入冬季至初春，還是少在此岸線磯釣為妙。而同季節於東南邊的龜頭骭沿岸，雖然有較高級海魚可釣，可是得不時注意浪勢，走湧時，更要小心礁岸上的大小海蝕洞穴和錯縱橫陳的海蝕溝坑。這線礁岸，經久受海浪的不斷潑灑浸潤，岩表蘚苔濕滑無比，連牛都可能跌死，所以海女才暱稱其謂：跋死牛骭。可知其存有高度危險性。即使想勉為其難，奮戰一番，也要有磯釣重裝備，以及高度的警覺心才行。

五十年代之前秋冬季，是少有人敢於前去龜頭骭釣魚的，而家居中社新厝口的林源莊先生，伊是長年釣客，伊生作高長攔大漢。不時看伊肩扛枝丈五六的桂竹啊釣竿啊，蹬草鞋，揹著大卡（4）魚咔啊，隻身前進跋死牛骭單打獨鬥。據他說：魚餌都是用礁岸邊現採的摳刀簾啊（臺灣盾果藻）海菜。而所釣的大都是白粍、黑粍、開旗啊和象耳啊以及五線豆娘（魁扇婆啊）居多。他述說：龜頭骭的海蝕洞穴中，經常發現有小海魚群陷困。他們因為趕不及於退流時，隨波離去而被留住。其中於（5）黑粍啊菜（瓜子鱲仔仔）是最彌足珍貴的。而上介無效耶就算（6）沙粍（鰻鯰），因其刺有毒性，网回只有拿來飼鴨母（餵鴨子）一途。

秋冬季節，自白柱岩礁表，往內從龜妮啊尾直到瑪靈港啊近岸只要是常被海水浸潤的礁層上，都會孳生上好的頭毛菜和紫菜。由於自秋旬至春旬是迎風面的龜頭尾。風強浪大的時段，有時強浪有如大金剛掌般的不斷擊打著礁岸，激起的浪花，四處飄灑，腥風鹹雨中，海女到此區採挽頭毛紫菜，是非常之艱辛的，為了要趕流水（潮汐）時效，即使是全身遭浪花濺身，或是遇雨淋至衣衫淋漓濕透，任由海風酷襲，也堅忍至漲潮湧，才肯罷手收工。

龜頭餅、拔死牛餅

五〇年代之前頭中社區附近海岸景象

上：拔死牛骱外畚箕湖啊剔蚾啊

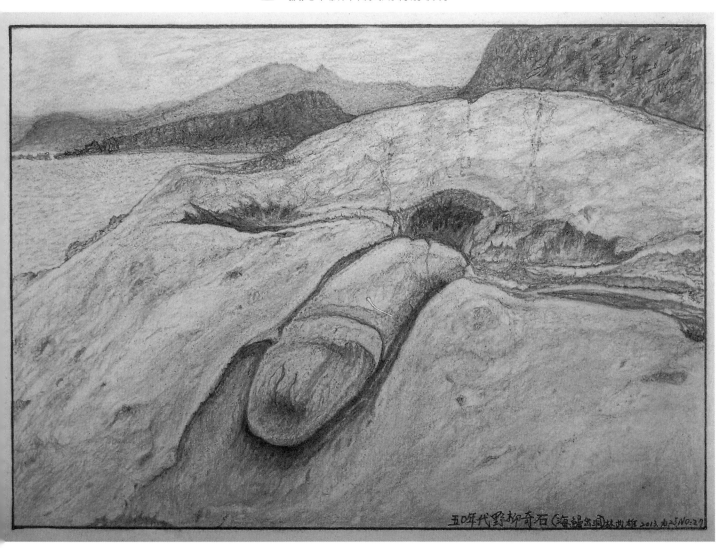

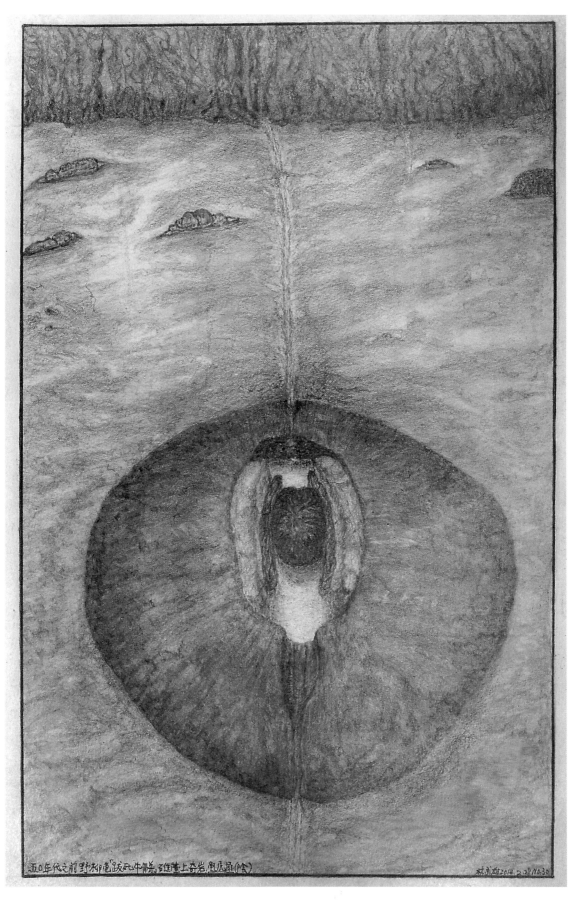

龜陰石

海女們：選擇農曆月初、月中前後三日，不論天候前往採挽髮菜和紫菜，夏季採拔石花菜亦如是。所以野柳海女們有傳頌順口溜說：(7)「初三十八流，野柳查某望龜頭」每年農曆四、五、六、七月份是龜頭山下周遭海域風浪最平靜，佳於進行各款海邊活動的時期。如採拔旺發的大本石花和鳳尾秅安曼絲石花菜。龜頭骬沿岸可釣到洄游海魚如目孔啊（吉利海鯵）、硬尾啊（真鯵）、青鱗啊（沙丁魚）和白帶魚。而像是錢鰻（鱘）、郭啊魚（石斑）、象耳啊（臭肚啊、褐籃子魚）和花魚啊（五線豆娘）等。則是整年可釣到的海魚。同時期岬北岸線也有石狗公（大目鮋）與三線雞魚呷餌。龜頭骬岸下海裡春末夏初，常集結特多的小海魚群，因而引來較大型如鰹魚的掠食，還提供佇留龜岬尾海域的鯊魚群享受魚之饗宴。未離鄉前，於夏末初秋，常見午後近黃昏時，有大群小海魚群如苦豪啊魚（日本鯷）、鐃啊魚（銀帶鰶）在龜岬兩邊海面把海水染成暗緋，不多時，魚群就會被掠食者攻擊受驚嚇而蹦躍出海面，此時，成群海鳥也加入掠食行列，夕陽西照，海面上鱗光閃閃，空中海裡異常熱鬧，可算是一奇景。

由於凸出於海面野柳龜岬擁有

上：內畚箕湖啊、下：外畚箕湖啊

龜妮丫尾（ㄍㄨㄋㄧˋ、ㄚㄇㄟˋ），上為遠景下為近照

豐饒，如成群的海蟑螂及岸上岸下的葷茹海生物。崖壁上海蝕裂縫洞窟多而淡泉不缺，加上岬岸線上的特殊地理，氣候條件，因此龜岬區，自然而然的成為了多種過客候鳥的最佳落腳宿所，不管是秋冬季節，南下得靠站歇息，抑或來年春暖花開時，要展翼高飛北返前之體力補給，野柳龜都能毫不（8）「祕毛」的給予群鳥們五星級的客服。難怪過客年年必至，而岬區也少有外在干擾。濱林岸間本就佇有多種原鄉留鳥。兩相見歡唱合，至使岬間鳥語嘰啾低鳴或長咻，聲聲入耳。

洞穴處處溝渠縱橫礁表嶙峋濕滑難行的龜頭餅

背景尚在主題不見了

龜岬前頭右崖壁上，有二十多顆結核珠石鑲壁，俗稱：二十四孝山。從岬頂鞍部中段小徑要下龜岬的緩坡岩堦上，有一左腳大印跡，俗謂：仙骸蹄（仙人腳印）。岩階底向外臨海岸邊礁臺上有一薑石結核岩，狀似海龜才剛爬上岸邊。可惜頭部不知是遭人（9）刻意破壞，或是自然風化頭部岩態已失真。沿岸邊再外一點，礁臺上有一陽具石態，相似度百分百，早年有留下照片。現在背景還在主體已消失不留絲毫痕跡。從下岬岩階底往外走約三十公尺處靠崖下，有近似女之私處，俗稱：龜尻屝（龜陰）之岩態石，此岩態不但該有的零件俱全，尚有一道來自崖峭壁處的清泉正好從中流入岩態石戶內。未開放觀光前曾刻意引領一群男女朋友前往觀之，看後全數會心一笑說：「實在有夠全款（真像）」。約十數年前再往

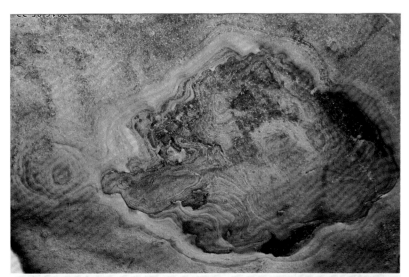

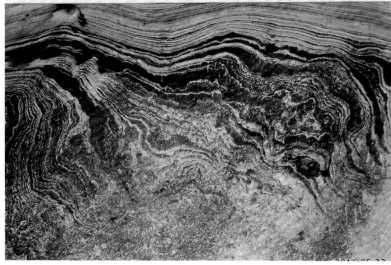

觀之，看似遭人刻意破壞的？雙唇已被踏崩。中之結核蒂石鬆落，如自然風化絕非此樣。早年村人對此石態較不好意思提及，開放觀光後，可能也是如此心態而少有人提及龜頭骿上有個龜XX之不雅石態。

沿著岩壁下往內走，見崖壁上處有清澈涓流。以及大小海蝕洞穴，這是海蟑螂的最佳住所，如細細瀏覽，內層棚岩表上留有許多生痕化石遺跡，如海膽化石與單貝殼雙貝殼化石等。而海蝕溝附近岩表和岬崖壁間有很多風化鏽染紋所形成深淺不一的紅褐色花紋，這種由地下水配合空氣氧化所呈現出來淡濃不一的紋

龜頭骿的天然彩繪鐵鏽紋

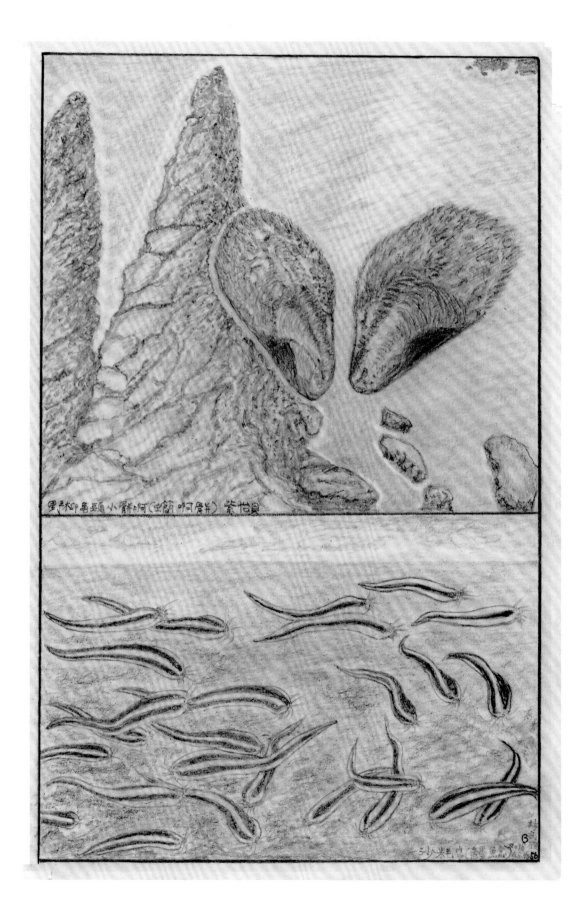

里乄卯居至頭小餅啊（虫肖 呵骨斥） 紫怡貝

沙米□（萱豈 彳□）B 56

路就像是一幅幅由大自然所彩繪出來如行雲流水般的抽象佳作。

　　龜頭骭終於龜印啊石東南邊下，其礁臺岸和對面大骭尾形成一個U形海澳灘頭堆滿如籃球般大小的鵝卵石潮間帶，由於灘頂上方矗立著瑪靈鳥岩，就號名瑪靈港啊，潮間帶灘底謂瑪靈港啊底，左岸崖下情人洞左前礁岸稱：瑪靈港墘啊，與大骭尾齊的海區謂：瑪靈港啊口。全由瑪靈領銜，由此即知瑪靈鳥岩在村人心目中的地位。潮間帶左岸大骭尾崖下的海蝕礁平臺間摺層岩縫沙泥中亦有豐產蚶啊（紫怡貝）。瑪靈港啊礁岸上下亦是多產石花菜

和頭毛紫菜，不過於此區採拔海菜與外礁岸相比，算是較安全區域。

　　民國四五○年代，漁村尚有偷偷炸魚者，瑪靈港啊由於地形隱密，駐紮在土地公山頂的兵啊，如風勢得宜，是看不到也聞不到爆炸聲的。是炸魚人的最佳選擇地點。大約十二三歲時，初秋的午後，往大骭釣魚途中，巧遇三位村人，一人扛著釣竿，有人拎著水桶，裡插枝短柄罟，一人拿支長柄圓罟，徐徐往龜頭崎走去，直覺便知他們一行是要去炸魚的，就默跟在後，他們並未阻止。一行爬上龜頭崎頂，循步道下仙骸蹄岩堨至龜頭骭頂往回

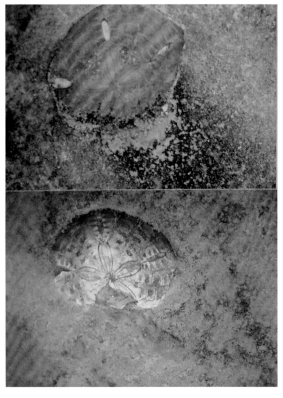

野柳龜岬礁臺上隨處可見到瑰麗的海膽化石

走到瑪靈港啊垇。觀好地勢，此時黑陰天無甚風浪其中一人摸出一根似熱狗而較長點瓦楞紙色的炸藥。一人抓起水桶裡的魚碎撒向海裡，一人點燃枝香，遞給已把引信插入炸藥的人，這時候，海面已見「浮花」（海魚現身搶餌），大家同時蹲下身來，只有拿炸藥的人擺好姿勢立著點燃蕊心引信，算計好燃蕊心的時間，即丟擲入海，不可過深，也不行太淺時間計算得宜，只聞海裡一聲噗噗隆悶響，水面冒出一堆圓菿水泡後，隨即海中就浮現數尾翻白肚的海魚，也有數尾在海面上漂旋，斜游作垂死掙扎，炸魚者著內褲躍進海中，用短柄罘撈魚，一人握長柄圓罘立於岸邊上幫忙撈靠近岸邊的魚。一人開始收拾善後，只有我是岸上觀火者。這次並未見到鯊魚現踪。也許是龜頭尾海水變涼冷，鯊魚群移往他處過冬，不得而知。前後莫約有半個小時，魚獲有半水桶，有琵琶魚（三棘天狗鯛）、石雞（花尾、素尾鷹羽鯛）、象耳啊（褐籃子魚）以及花魚啊（五線豆娘）等。收獲不錯，他們大方地給了我三條海魚，作為擦嘴費。

對於炸魚，我小時候常聽家父和人聊天說及有電炸和拋炸兩法。而拋炸比較簡單直接，卻是最危險的。家父是左手拋炸，更加危險，又因他是打石師父，炸藥取得容易，可家母卻堅決反對他去炸魚，他談炸魚經，都是訴說其危險性，懂事起好像只聽他炸過魚而已。他說：炸魚不但違法，還不是件好玩的事，就有村人因炸魚而成殘。還不時有所聞鄰近漁村有人被炸得肚破腸流，而失去寶貴性命。尤其採拋炸手法最要不得。

註：

(1)「孔雀紫怡貝」：好似現在餐館的淡菜，但較瘦長，只有拇指般大小而已。龜頭小餅啊因出產蚶啊，又名：蚶啊餅。

(2)「關火」：早年都用大灶，要關為小火，要把銑鐵灶門打開，或把灶內柴火打散。

(3)「龜妮啊尾」：龜頭餅尾左末端岸邊，有一好像貼在岸邊上的凸出岩丸。臺語「妮啊（ㄋㄧˋ ㄚˋ）」意指末端呈丸狀或小三角突出的物體。

(4)「魚卡啊」：用竹篾片製作，上窄下寬的密籮子。兩邊斜肩上用較厚竹片補強，可掛揹帶。上圓口，用網內套，手可伸入放取物件，也可以防活體竄出。可吊掛船邊沉入水中，漸時儲養活體海產物。

(5)「黑粍啊葉」：黑粍魚仔仔。只尾指末節大小，用醬油薑絲悶煮，吃起來不會有刺的感覺，而味異常鮮美。是可遇不可求的海味佳餚。於現時環境恐成絕味。

(6)「沙粍」：鰻鯰。屬「鰻鯰科」黑身有微黃色直條紋的魚身。頭部有枝毒刺，具有神經毒與溶血性毒素。如被螫到，比被臭肚啊魚刺到更加灼痛。

(7)「初三十八流，野柳查某望龜頭」：野柳岬海域潮汐，俗謂：「流（ㄌㄠˇ）水」。夏季農曆每月初一、十五日為中畫潚（ㄅㄠˋ·ㄅㄚ）。中午最退，是謂「大流水」

秋姑啊、黑耗啊

白耗

紅點郭啊

（大潮）。每隔一日延後一小時，而初三、十八兩日最退為午後三點，前後約有三足小時以上之空間，正好是海女最有閑的家事空檔，可全心全意大加利用的採拔海菜。

(8)「祕毛」：也可說：吝嗇，更甚的無量兼小氣巴啦的。

(9)「刻意破壞」：開放觀光不久，就有人拿鋸子，想把女王頭脛部鋸斷（現還留有鋸痕）。以此推論不無可能有人為破壞因素存在。之所以陽具岩態石也有可能是被整枝挖走的。

這種行為猜想有兩個層面，一是遊客貪而行盜；二是有野柳人不願看到野柳龜受到那多人糟蹋，想把女王頭鋸斬人潮可能就減少的心態？

岬頂風光，上為大白斑蝶，下百花齊放

四十年代野柳岬磯釣高手林元莊夫婦

第二十一章　隱於東隅的後澳啊社

　　民國五十年之前，前來野柳社的外地人，絕少有人知道，野柳尚有一社群，隱於山的那一邊。除了販夫之外，如果沒有熟人引領，應是不得其道而入的。野柳岬頭段東南面的崁頂山，亦是一座由西北向東南作二十度傾斜岬區最高的單面山。其北角山頭高點始，邊緣山稜線，向東往北像肢長臂似的彎出，山緣尾部就是有名的石炮臺，現改呼駱駝岩，而往外下方礁臺邊上尚有一個戰車岩。此礁臺是曲形風化岩。立於石炮臺高點處，視野開闊，野柳社區、龜岬、基隆嶼、鼻頭岬、基隆港口、外木山、瑪鍊丸（翡翠灣）盡收眼底。天氣晴朗時，仰臥光滑乾淨的礁臺上，海風習習觀看白雲蒼狗，是一大享受。

　　崁頂山北角，有條狹長單面的岩脈，同龜岬走向往東北伸出，尾端有三分之一長落入海中。俗稱：大樑山或後澳啊山與右邊駱駝岩之間形成一個海澳潮間帶，約三四十戶漁家房舍就建在灘頂有限的腹地上，後靠著山稜線高崖壁下，居民全數於討海捕魚維生。社區面海，只有一米多寬的岸道，下方就是灘頭，離海可說只一步之遙而已。後澳啊山伸入海裡後，其斜棚礁臺底外層，是約十幾廿公尺寬而狹長的窪壑，這就是六十年代之前的後澳啊港。港底舖層白珊瑚碎砂礫，港水清氣。港灘頭上是片細海沙灘。

野柳後澳啊社（東澳）的原石屋弄石牆（水泥後來粉光）

80 年代之前的石砲臺礁基

石砲臺臺內側天然彩繪岩壁

末涸石

五O年代野柳情：奧杜探捕魚近岸漁探。捕軟翅呵。2012.6.4 茲搁檳 No.18

左：紅水仙啊山泉
右：石頭厝

左邊於礁岩臺為港岸，沒有右岸，其砂礫港底，右邊止於摺層岩平臺的左邊緣，有礁石灘頭的摺層岩臺，於退潮時候前段才會曝出。這個似港非港的開嘴漁港北面往外有後澳啊山尾（1）（大樫山）。和向東北伸出的野柳龜作掩護，而東面有駱駝岩和向北延出的散礁群，阻攔東來浪勢，如此的雙重保護，船隻還算閃風安全。後澳啊社本就於較小舢舨討攄（捕魚）。平時遇有風颱大湧，或是農曆十月「散海」（漁閑期解散船組），漁民都會協力把漁船推上海沙埔頂擱置暫避。

摺層岩平臺和駱駝岩之間是砝砧石礁岩群，退潮時會曝出。岸道上方是片坦地，只可惜位置在駱駝岩臺低上方，遇大風浪，海水會潑漫上臺地，不太適合起厝，早年曾有駐軍。是否為前故撤營，不得而知。整個地形社區就像是被兩隻手臂抱於胸崁啊頂（胸口上），由於受地形限制，漁家屋厝也形色各異，有三分之一的紅磚啊瓦厝起佇後澳啊山頭段坡底，早年有條來自山涯壁間匯集於坡底的山泉小溪，溝兩旁各有數間瓦厝，記得左溝岸上較大間瓦厝內灶骸（廚房），鑿有自用古井。理論上應是經濟力較好之漁家。（我曾入內去收購海菜。）

高崖下，面對大海的房舍，大都採用原石塊，砝砧石為主建材，亦有砝砧石、紅磚啊角，加石塊，用石灰粉面的屋厝，現於媽祖宮左後方，

上有數間保持良好而可能已上百年的老屋。社區後半段房舍也具特色，因為離海之一線之隔，逢季節風浪天，難免受鹹水霧的侵襲，又礙於地窄，建構都採長ㄇ字型，兩邊門戶相對，外圍一堵比房頂高出的厚重石牆，弄底正廳面對牆門口，並用厚木板門阻擋凜凜海風，這種石堡式石牆，現也尚有幾堵，只是已用水泥粉面。後澳啊社雖然近海邊，據江啊嬸說：基本民生用水並不很缺乏。沽井加上山泉水，如遇酷旱，山崖尾段崖壁下方岩洞窟內一窪涓滴冽泉，以及紅水仙啊內底面小石澳南邊山崖壁上，有來自崁頂山頭的一濂淌泉可供汲取。社區往東岸道止於坦地尾的山崖角下，俗稱：龜屎骹的海蝕凹壁墾圓形小石澳。它位於駱駝岩的內崖下，後澳啊人呼駱駝岩謂：紅水仙啊？因其崖臺壁有鐵鏽紋彩岩，層次分明，造型有如立於凌波上的彩衣仙子。又有呼茶古石者，因如於社區東望，像是一隻茶壺，崖頂石炮臺就似壺蓋，開放觀光後，於漁港左頂公路邊遠眺倒還真有像隻駱駝，因而得名。其崖頂石炮臺是日人遺跡，岩臺東南面至高點石岩內，鑿成半圓空弄，中一石門，俯入，兩邊約可容納三四人蹲踞。左右各兩四角形岩窗，

可俯視鼻頭岬、基隆港口、木山澳啊以及瑪鍊灣海域。據說石炮臺是日本人「攦公工」（勞役）所打造，家父曾參與。

駱駝岩崖墾礁石澳，於漲潮時候，只要風浪稍大，尤其冬尾時天，遇東北季風，海浪從駱駝岩尾礁群，沿崖底滾進，撞碰到內崖壁，發出巨響激起高大浪花後，隨即洄漩，與後浪交湊形成洶湧澎湃，沸騰浪濤前仆後繼，相互推擠，凹澳中，水氣瀚漫滔滔不絕於耳，如此海象，有時整日整夜如是，而只能遠觀，絕不敢靠近。此紅水仙啊岩臺景觀，在尚未於崖下設九孔養池和開路前，到此一遊的人，無不讚不絕口的定會與之攝相留影。民國五十年代，中國電影公司與日本合拍的海灣風雲（原名：金門灣風雲）曾於此取景，拍攝男女主角在此邂逅、約會的戲碼。

未拓公路前，於常潮浪靜時，可偎著石澳內崖壁底的海蝕崖基平臺，走至崖墾底部，登天然岩堦，上到東南面的崖頂，右轉沿著崁頂山東南邊斜坡底的砼确岸道，俗呼：大撲船，經過澳阿底、龜吼啊、石角啊、美崙啊到達萬里，只是遇大潮，或風浪天即阻斷而不通。後澳

175

啊社對外交通主道稱：後澳啊崎，從後澳啊山頭段東南面坡底的洪姓人家壁角頭登二十度斜坡的岩階上到後澳山底部的山頂尾，下數級岩階從崁頂山北角的崖腰土臺間，也約有二十度米寬斜坡道，俗呼：野柳崎的步道底，俗稱：番啊園的坦地上。經過野柳中社到野柳爿車頭。每年農曆四五月始至年尾十一二月，後澳啊查某（海女）都會往龜頭山東南邊的礁臺岸上下，採拔各種海菜，她們從後澳啊港頂海沙埔邊走上俗稱：石梯啊頭的山崖頂，攀踏垂直崖壁上的人工坑洞，下到俗稱：石梯啊骹的新澳啊海沙埔頂。

走潮間帶灘頭經小骱啊出外岬區，而回程時爬石梯是必經之路。後澳啊人出入內外，也只前之三處坎坷之道而別無他途。

後澳啊社三四十戶人家全靠海維生，雖然用較小型的細領罾組（小型焚寄網船組）討攎，但因面臨野柳龜東南面至鼻頭岬之間的洞擴海域，又不必有搆船過（2）野柳龜頭溝之風險。雖然龜岬西北海面有時會旺魚，但都於盛夏風平浪靜時才偶爾「過龜」。因此魚獲穩定也多樣。每年農曆七八月「港」外海區會集結大群較高級丁香魚（灰海荷

左上：後澳啊全能海女
左下：後澳啊強棒海女
右：後澳啊社（東澳）最資深海女江啊嬸（不會泅水）

鯤）海魚群。漁民會於晚間，先用灯火集魚，然後引誘入港內，再用小型魚網圍捕，而丁香魚量少價昂。社區面前海域還有產一種經濟價值高的鯛魚類翹楚，俗名：(3)軟翅啊。漁民一人搖著俗稱：櫓啊的火柴盒形小舢舨，櫓啊兩邊插著數枝約四尺長用竹片削成的軟釣竿，釣線尾結著一隻用木頭雕成維妙維肖的假蝦，蝦尾用多個無倒齒釣鉤紮成一環狀鉤蕊，將其丟入海裡，因蝦腹部勘有鉛片，搖櫓行進間，沈游於水面下的假蝦，引誘棲海床礁石間的軟翅啊掠餌上鉤，由於鉤蕊無倒鉤齒啊，負責顧釣竿的人把牠拉上船，很容易解鉤。此俗稱：搖軟翅啊或挫軟翅啊的船釣，一人亦可操作。

東澳社外海域，陽光充足，海水清氣幾無汙染，水溫大約保持二十度到三十度，很適合活珊瑚的生長，其整片海域潮下帶四處都有活珊瑚礁叢區。每年春末夏初，駱駝岩與

戰車岩前後礁臺岸下以及西北面海中的硓砧石岩礁臺上都旺發茂盛的草栖叢（馬尾藻群）。所以是處戲水、磯釣、撿螺拾貝的好所在。自沉礁啊（ㄅㄚ ㄚˋ）延外往北至海翁礁或稱：三塊石啊的散礁群。其中潮帶礁壁上以及潮下帶的海底礁岩脈線上，藻類叢生，夏季生長大量的大本、日本石花菜以及鳳尾耗安曼斯石花菜。尚未開發前這片大海區，海生繁榮，少有外在干擾。後澳啊山大樑尾和駱駝岩始的環礁群，在其中潮帶下的壁洞岩縫中，棲有龍蝦、九孔之類的高級海產，加之：海底四佈璀璨又瑰麗的活珊瑚礁聚落，悠游其上的熱帶海魚群和爭奇鬥艷的珊瑚礁海生物，可謂美不勝收。（附註）

秋冬季魚閒期，辛勤的後澳啊查某人，卻忙於採拔駱駝岩以外散礁群岩上和龜岬礁臺沿岸上所滋生的頭毛菜與紫菜。而能幹的她們，於夏季時，不只採遍野柳龜周遭岸

丁香魚

紅魚啊団

177

下的石花菜，觸角還遠及大武崙澳啊、木山澳啊和基隆嶼礁岸下。據說：她們還遠征上述地區以及東北角、北海岸的沿線岸下去「湞刺膽」（潛取海膽，亦呼拘刺膽）。只要是海岸上下生產的有經濟價值海生物之採取，樣樣難不倒這群慓悍打拼的海女。而且遠征操舟者，還是一位自澳啊底嫁到後澳啊社名呼蔥啊的小姐。她還是個全能的討海老手（已退休）。

開放觀光後，前數年，後澳啊還是被隔於東之一隅，民國五十八年的野柳風景區十二項開發規劃案，後澳啊並未列有任何開發計畫，慶幸能躲過浩劫，想不到幾年之後，還是難逃

上：紅尾鯊
中：軟翅啊
下：花枝

被開發的浪潮，躲不掉原始獨特的處女地貌景觀，遭徹底改變的命運。

經過開發過的後澳啊，已失去獨特的神祕感和原始美感，據說：開路、築港、鏟山並沒有帶給後澳啊人（ㄉㄤˇ）多好的經濟效益，倒不如當時，規劃個較便利進出的門戶，吸引遊客進入觀賞原始獨樹一幟的景色而坐收門票，和利用地利，發展軟實力的休閒漁業而免受現今近海魚產枯竭的窘境。說不定更能帶給本就諄樸敦厚與世無爭，慣於粗衣淡食的後澳啊人（ㄉㄤˇ）永保生活無虞，還可福留世代子孫。

註：

(1)「大㰷尾」：臺語謂較矮長的山支脈為山隴啊（ㄋㄧㄥ ㄚˋ）。後澳啊大㰷山為崁頂山北角的矮長支脈，其尾端呼著：大㰷尾。

(2)「野柳龜頭溝」：野柳岬尾海域浮出的散礁群。最外的礁群與內礁石之間的空間所形成的海溝，俗稱為龜頭溝。手搖木殼漁船的年代，它屬北部最為風險的海區。

(3)「軟翅啊（ㄉㄣˋ ㄒㄚˋ）」：屬鰂魚類。因其尾翅軟薄、水裡優游姿態柔美而得名。又肉質軟Q，是海域三種鰂魚中之首選而價昂。次為花枝，體橢圓肉厚，獨其背肉下有堅硬底殼狀似平底快艇，硬殼上一層俗稱：冇浮石啊（ㄆㄚˋ ㄆㄨˇ ㄐㄧㄡ ㄚˋ。皂石）的雪白色密聚粉末物。細漢時拿它插上

紙旗當帆船玩。花枝雖肉白而厚卻無啥味道，肉質也比較硬。後一種鰂魚稱為「墨鰂啊」或「墨賊啊」，體似藍白脫，背頂頭上有三修白線花紋，肉質差，據說：臺灣海域已幾近絕跡，攤商說有二十幾年沒見過了！？

順便一提鎖卷啊（烏賊）：早年野柳港鎖卷啊分為上品「杕啊ㄎㄧ ㄚˋ」現有人稱為尖啊鎖卷。其背腰上有凸出硬塊至尾尖是母的卵質優價昂。二謂：大頭啊鎖卷。因其頭大脛口寬又稱：闊框啊。肉質厚脆次級品。三謂：流爛啊（ㄌㄠˇ ˙ㄋㄨㄚ ㄚˋ）體如男人拇指般大小，肉軟爛，下品。尖筒形的透抽是烏賊類的最優級，尤其是北部近海現撈之透抽，肉質最為Q軟鮮甜而價格不菲。早年野柳港常有捕撈到如手槍子彈大小的鎖卷啊團，煠熟後曝脯，存放至冬尾是謂鎖卷阿棗。如果碰上豐魚期也有把鎖卷啊拿來用鹽醃是謂鎖卷啊給。等冬至魚閒期，開缶時香味撲鼻，將其切成碎條塊，加點青蒜碎，淋上少許太白酒，無論下酒或配番薯糜，真是海味十足。

附註：後澳啊社魚獲，量多時，煠成熟魚啊或曝成魚脯，自己用漁船載往基隆崁啊頂漁行販售，如量少，也有擔到港西車站寄貨運去基隆漁行。但此作要擔魚啊上下後澳啊崎、野柳崎。非常辛苦。據江啊嬌說：日人時代，她們把漁貨處理好之後，用舢舨載去龜頭尾邊，寄給一艘呼作「戎戎」的黑色大帆船載往基隆漁市販售，到民國四十年代，漁船機器化後，就都自載了。

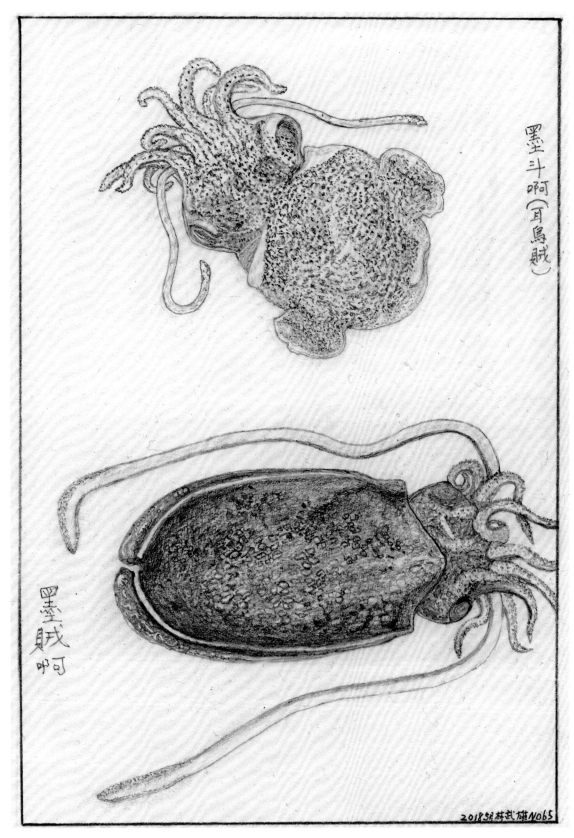

墨斗啊（耳烏賊）

墨賊啊可

2018 9月 林武雄 N065

上：墨斗啊，長不過五公分，整隻清燙肉質鮮甜而脆。但可遇不可求（應該已經絕跡）。因身形如木匠墨斗而得名。
下：墨賊啊，肉質較柴而無味，和飛枝同有背骨，但較薄而長。

第二十二章 後記

　　光復前出生的我（1943）給日本殖民了兩年有餘，還得名它Ｋ我（武雄）。出生前後數年，正值世界爭戰的年代一九四五年，二戰結束。日本投降前夕，美軍Ｂ廿九從野柳岬尾呼嘯飛過，前去轟炸基隆港，四九年國民政府全面撤至臺灣，這些重大事件，對漁村野柳好像沒有受多大的影響。到了五六歲稍能理解人話，也很少聽到大人談論日治事件，可能是二二八的寒蟬效應。而日本人在野柳也只留下土地公山頂和山南角下臭油棧的數間檜木造營房，東澳社右前礁臺上石炮臺，還有野柳爿坑啊內底的紅磚造輕便車砰咥口，以及港東隅岸上的一間水泥粉光的日本烏瓦日式小洋房。這些遺跡，如果小孩子有耳無嘴不問，根本就少有人提及，而我知是從母親口中得來，母親還說因為白米配給不夠，她都揹著襁褓中的我，到金包里（金山）娘家，把米墊在我的下面，步輪走回野柳。她說是走野祕（走私之意）。僅此而已。而社內更沒有人說過，阿（ㄊ）樂給日本人管是按怎好之言論。

　　我六、七歲就學會游泳，八九歲開始於廟口埕硓砧尾在硓砧咥（珊瑚礁岩洞）用小竹叉結釣線，釣大麵挲啊魚一種頭大眼眶大，棲息於珊瑚礁岸底層蝕洞中的天竺鯛。從此每年夏季風和日麗的大部份時間在港岸區和土地公前海澳區潛水摸螺與垂釣。十一二歲就敢單兵於午後退潮時段到岬二段區沿線礁岸和岬西角崖龜印啊骸釣各款熱帶礁魚，摸拾好呷的青蜒螺（黑鐘螺）。所以整個野柳岬區除了龜頭尾周礁臺岸與後澳啊社（東澳）的龜屍尾石炮臺礁臺岸（有上去觀光過），後澳啊港外的大樑山尾（大壠尾）以及野柳爿（港西）的平骿啊尾礁臺外，大都有我的身影足跡。也曾和童伴林鵬從崁頂山左山腳下臭本啊叔與炎榮啊叔兩家屋間的小山步道，爬上去崁頂山頂眺覽整個野柳岬美麗的風景。早於六七歲時也數次上過土地公山頂兵啊營和兵啊玩。之所以對野柳岬我是十分熟悉的，也享受了大自然給予的快樂童年時光。

　　民國四十八年因家庭環境因素，

決定離開家鄉，出外工作，有說：我來自故鄉，知道故鄉事。自從日本影星，石原裕次郎到野柳岬小骿啊頭潮間帶取景拍攝金門灣風雲炮彈落點爆炸的場面後，不多久有一青年攝影記者撞進野柳岬區拍了多張奇岩怪石相片。並於臺北公開展示而引起全省轟動；迫使野柳岬從一級的軍事管制區， 不得不開放成觀光區。此後每每回鄉都見到野柳在不斷地改變。民國 69 年海洋館建構，填海設立停車場，開拓連外的港岸公路，而岬二段區王爺宮左前礁臺與女王頭礁臺以及瑪靈鳥岩左下都大肆的開發建築。鏟平大

樑山（後澳啊山）拓連外公路和幾期的擴建漁港工程，海洋館停車場不斷的向外擴建等等。整個野柳岬從除了家屋外幾乎見不到水泥痕跡的天然相貌，轉變成水泥叢林。這種已是過度的開發，對野柳是好是歹？離鄉之人無可置喙。相信老野柳人的心中自有評斷。

附註：

外人的盯點大都認為漁村海墘啊人個個都會泅水游泳，也都會釣魚，實際上佔大多數的人是不曾釣過魚下過海的。

現今掛滿超大集魚燈泡的漁船

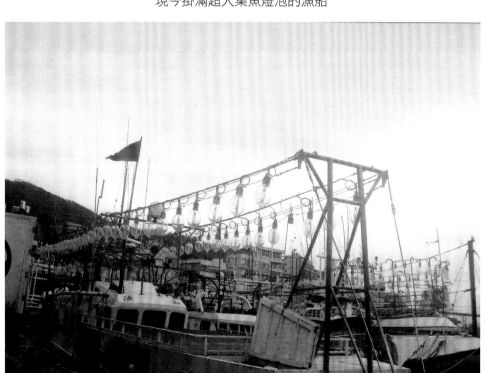

作者的話

　　由於年代久遠，時過境遷。很多物種在野柳岬區已失去蹤影，至不得不盡量收集資料和用自畫的素描來表達。雖影相意境不盡然與四五〇年代野柳岬區的物種全然相近，亦相去不遠才是。

作者：林武雄

國家圖書館出版品預行編目資料

野柳：阮ㄝ故鄉魔鬼岬/ 林武雄 著
　--初版-- 臺北市：博客思出版事業網：2019.03
　ISBN：978-957-9267-07-6（精裝）

1.人文地理 2.自然保育 3.新北市萬里區

733.9/103.9/149.4　　　　　　　　　　108002095

野柳：阮ㄝ故鄉魔鬼岬

作　　　者：林武雄
編　　　輯：塗宇樵
美　　　編：塗宇樵
封面設計：塗宇樵
出　版　者：博客思出版事業網
發　　　行：博客思出版事業網
地　　　址：臺北市中正區重慶南路1段121號8樓之14
電　　　話：（02）2331-1675 或（02）2311-1691
傳　　　真：（02）2832-6225
E—MAIL：books5w@gmail.com或books5w@yahoo.com.tw
網路書店：http://bookstv.com.tw/
　　　　　　http://store.pchome.com.tw/yesbooks/
　　　　　　博客來網路書店、博客思網路書店、
　　　　　　三民書局、金石堂書店
總　經　銷：聯合發行股份有限公司
電　　　話：（02）2917-8022　傳　真：（02）2915-7212
劃撥戶名：蘭臺出版社 帳號：18995335
香港代理：香港聯合零售有限公司
地　　　址：香港新界大蒲汀麗路３６號中華商務印刷大樓
　　　　　　C&C Building, ３６,Ting, Lai, Road, Tai,Po, New,Territories
電　　　話：（852）2150-2100　傳真：（852）2356-0735
經　銷　商：廈門外圖集團有限公司
地　　　址：廈門市湖里區悅華路８號４樓
電　　　話：86-592-2230177　傳　真：86-592-5365089
出版日期：2019年03月 初版
定　　　價：新臺幣550元整（精裝）
ＩＳＢＮ：978-957-9267-07-6